价值投资的精髓

张大喜◎著

中国经济出版社
CHINA ECONOMIC PUBLISHING HOUSE
·北 京·

图书在版编目（CIP）数据

价值投资的精髓 / 张大喜著 .--北京：中国经济出版社，2024. 1

ISBN 978-7-5136-7595-6

Ⅰ. ①价… Ⅱ. ①张… Ⅲ. ①股票投资 Ⅳ. ①F830. 91

中国国家版本馆 CIP 数据核字（2023）第 236744 号

策划编辑　崔姜薇
责任编辑　贾轶杰
责任印制　马小宾
封面设计　任燕飞

出版发行　中国经济出版社
印 刷 者　北京艾普海德印刷有限公司
经 销 者　各地新华书店
开　　本　710mm×1000mm　1/16
印　　张　11. 75
字　　数　144 千字
版　　次　2024 年 1 月第 1 版
印　　次　2024 年 1 月第 1 次
定　　价　58. 00 元
广告经营许可证　京西工商广字第 8179 号

中国经济出版社 **网址** www. economyph. com **社址** 北京市东城区安定门外大街 58 号 **邮编** 100011
本版图书如存在印装质量问题，请与本社销售中心联系调换（联系电话：010-57512564）

前言

PREFACE

每个季度都要做一次投资总结，好像上市公司会计编制季度财务报表似的，我会习惯地用简单快捷的方法总结出这个季度的盈利收入和上市公司的经营业绩、财务状况，尤其是营销和与竞争对手的竞争状况等，看看管理层的人员结构是否有变动，记录自己一个季度的投资增长率以及财务增长的数据等。每个季度末我都会将电脑装上，时间长的30天左右，时间短的一个星期就能做好这几件事情。然后就将电脑拆掉锁在柜里以备下次使用，远离市场该干什么就干什么。

真正令我困惑的是，在投资市场上投资者追逐利益的时候，用尽各式各样的方法和手段，花费了宝贵的时间研究K线图表、移动平均线和组合K线等，但真正安全且高回报的投资方法就在自己眼皮子下面，已经存在了几十年他们却视而不见。20世纪90年代，价值投资就已经引入中国市场，使人们在30年的牛市和熊市中沉浮并获得了丰厚的投资收益。为了养成良好的投资习惯，我们只需要投资具有很强生存能力和很大发展空间的优质企业的股票。

由于我们每个人对生存和发展的理解与分析的视角不一样，所以投资决策存在很大的差别，进而导致投资盈利的大与小、亏损的多与少。投资者要做的就是在不断的实践中纠正自己的偏差行为，让自己的投资技巧和投资收益逐步提高。

股票市场上的价格走势表面上是与基本面一致的，但也不完全相同。有些市场现象与国民经济是完全相反的，具体到一只股票上就更是如此：在一个公司的经济状况与整体GDP状况都很好的情况下，其股价不涨反跌；相反，在经济状况不是很好的情况下，股价还会上涨。投资者只要了解这类公司基本面和国民经济背道而驰的现象往往是市场的短期行为就可以了，这有利于我们增强买入股票的信心和长期抱牢投资公司的持股定力。

投资者最大的风险是什么呢？就是你并不清楚自己适合什么样的投资组合，如何在短期内见效并得到好的投资回报，进而导致担忧并伴随风险的产生。一味地跟随别人的脚步，就不可能创造出属于自己的投资风格，也会错过很多投资机会。正是因为自己与其他投资者积累财富的方法有所差别，才能体现出长期持有优质企业股票的优势。

我个人认为，只有坚信自己的投资是正确的，才能经得住市场的考验。正是因为如此，我投资组合里的股票持有时间都是以10年为标准，而不会像其他投资者那样梦想在两三年内就收回成本。假如你的起跑时间比别人早，就能拉开与别人投资增长率的距离。要将投资视为马拉松长跑才是价值投资的首要目标。如果你不能持有一只股票10年以上，不能与优秀企业共度漫长的岁月，那就趁早放弃这项选择，重新挑选适合你自己的投资方法。

在股票市场上，能够影响一只股票的涨跌因素很多，唯有能经得住时光洗礼的投资选择，才不会迷失方向。你要坚定不移地抱牢自己看好的几只股票，而不随意调仓换股，更不应在那些质地欠佳的垃圾股里做短期投机。

回顾我二十多年的投资经历，其中主要一条就是从商业的角度，依靠企业基本面进行投资，把投资的企业当成自己正在经营的生意。股票投资者在一开始如果对股市存在错误的观念，认为在股市可以快速致富，那他的下场肯定是悲惨的。

在20世纪90年代的滁州证券营业部，正聚集着人山人海的投资大军，因为香港回归会有一波行情的说法在市场上蔓延。就在这想炒一把就能致富的日子里，来往营业大厅的每一个投资人，都像是被注入了兴奋剂，股票市场上随处可见的股票报价器足以让每一个投资者都兴奋了起来。电子类的股票好像是一阵热带飓风，横扫了整个营业大厅。

由于当时每一个人都把电子、科技类股票奉为“上帝”，盼望它能保佑自己梦想成真，所以大多数投资者一哄而上，把大量的资金押在了不断兼并重组的企业集团中，随着投资者的不断追涨，电子、科技类的新股一涨再涨，它在不断满足着人们的欲望。大多数投资者的脸上都洋溢着微笑，因为他们坚信发财的日子离自己越来越近了。这时的价值投资长期持股者就显得非常孤独，陷入了痛苦之中。

市场上价格较低的好股票都被这场飓风给“刮走”了，迫使价值投资者改变了原来的投资计划，由长期持有转变为短期投机，由上下坐电梯转变为落袋为安。股价的上涨仍然一浪高过一浪，理智早已被人们抛在了脑后。

股价最终急转直下，那些还沉浸在买空卖空“游戏”中的人们刹那间都被送上了亏损之路。灾难来临的时候恐慌蔓延，营业大厅也平静了下来，大批大批的投资者恼怒后悔，有几位投资者顷刻之间面临破产，更有甚者无法承受这样的打击而选择离开了这个噩梦般的投资市场。我们应该永远牢记股市里的经验教训：股票市场贩卖的“东西”

是真假难分的，投机看上去最好做的时候也就是最危险的时候，此时的你最好离开。

投资市场喜乐无常、变化多端，容易被利益诱惑的人们只有时刻保持冷静，理性地看待市场的一切，才能在这个毫无情面可讲的利益圈子里确保自身的安全。

价值投资中最突出之处就是理性投资。因此，我始终相信在金融市场的动荡背后隐藏着某些因果关系，我们应该利用我们的理性思维和逻辑推理去摸索寻找其中的某些必然的联系。查理·芒格明确指出："每个人必须找出你的长处，然后你必须运用你的优势，如果你试图在你最差的方面获取成功，我敢肯定，你的事业将会一团糟！"

正因如此，我才能利用我的理性思维在市场上发挥作用，当大多数投资者兴奋狂乱的时候，我能够保持冷静，心如止水；当大多数投资者茫然无措、止步不前的时候，我又能果断出击大获全胜。在投资市场中，唯有理性的长期持有者才能稳住股价的上下波动。遗憾的是，真正在投资上能够做到理性的长期持有者少之又少，所以暴涨暴跌在投资市场才一直延续下去。

其实在投资市场中理性投资者是最喜欢股价大幅度波动的，当股价大幅上涨的时候会给投资者带来减仓或卖出的机会，而当股价大幅下跌的时候又会为投资者提供加仓或买进的机会。

本书是我多年来在投资实践中总结出的价值投资理念和经验。我从本杰明·格雷厄姆、沃伦·巴菲特、查理·芒格等投资大师的著作中获益良多，结合自己的实践，总结出了长期投资集中持有的方法，揭示了价值投资逆向思维与群体走反道的反"羊群效应"的操作模式。

我真心建议投资者建立合理的投资组合：选择两到三只拥有垄断优势和优秀管理层的企业股票，把投资的企业当成自己经营的生意长期持有，依赖复利就能保持快速增长，获得超额的投资回报。

将自己的爱好与投资有机结合，做自己喜欢的事情，成功就会随之而来。在体会到无限乐趣的同时，自己也能感受到实现人生价值的快乐。的确，不喜欢做的事你是难以做得出色的，投资也是一样。

丁猛（国元证券策略分析师左四）正在与罗治友（国元证券全椒营业部总经理左一）、张大喜（左二滁州证券资深投资人）、张祝军（滁州投资者、滁州醉翁水城董事长左三）以及祝兵（滁州投资者莽子火锅总经理右一）等人交流分析市场行情

目录

CONTENTS

第一章

价值投资，财富增长的底层逻辑

1. 初进股市一波三折，阴差阳错买到价值股

我做股票投资，一开始就与众不同，是在走过好几次弯路、遭受多次失败后，一路小心翼翼地摸索着前行，但曾经还是因无法承受挫败而逃离股市。

1996 年，因为人们对即将到来的 1997 年香港的回归满怀期待，使得大家对国内经济前景充满信心，我国的股市也受此影响，呈现出了稳定的增长态势。

我周围的亲朋好友更是对股票市场倾注了极大的热情，他们几乎人人都在炒股，受他们的影响，我于 12 月 31 日，在华安证券营业部的交易大厅开了上海证券交易所与深圳证券交易所的两个交易账户。

开账户的第一天，我就急不可耐地买入了股票。我建立第一次投资组合是在 1997 年 2 月，由于刚入市缺乏投资经验，我与身边的朋友保持着一致的“羊群效应”，自己从不思考，一切行动跟随别人。看着别人买什么股票，我就跟着买进。股票在手里待 7 天就抛，见好就收。做短线赚快钱，持股时间长的就一个月，两个月的都很少。

当时，我想，股市不是有风险吗？我就少投点。我用辛苦积攒的 18000 元买进了深科技、四川长虹、风华高科这三家公司的股票，深科技

买入的价格是合理的12.80元，四川长虹与风华高科买入的价格就没有那么幸运了，分别是12.90元和50.18元，买过之后，我才明白都买在了高价区。

因为当时炒股就是跟风，追求的是快进快出，只要能赚钱就行。所以，我对购买的高价股票也没有太在意，只等着涨点就卖出。

常言说，容易得到的东西，也容易失去。在股票市场上更是如此，渐渐地，我发现这种赚快钱的投资方式有很多弊端，每天在股票高位时抢进抢出地短线套利，忙得不亦乐乎，但是在算总账时发现根本没有赚到多少钱，甚至有时还亏损，但这并不影响我对炒股的热情，因为大家跟我一样，我经常这样自我安慰。

我买深科技的股数是500股，四川长虹是400股，风华高科是100股，3只股票是1000股。我看周围很多朋友都买，以为是顶好的选择了，殊不知四川长虹与风华高科都在不断地下跌，只有深科技略有盈利。我长时间忍受这两只股票亏损带来的煎熬，认真思考后，在亏损的情况下卖掉了它们，亏损分别是1200元和800元。

进入投资界的我在不到3个月的时间就亏掉了2000元，自己深感悲哀，追悔莫及。

因为这次亏损得有点多，我觉得不能再这么做下去了。在细心地观察一段时间后，我感到做短期投机也不能盲目从众，就对自己的投资组合进行了调整，不再随便跟随他人买股票了，而是自己学着挑选股票。

毕竟是初入股市没有经验，我只能凭借着感觉选择股票，因为比较偏爱优质企业的股票，就买了两只龙头老大琼民源。令我万万没有想到的是，在我买进琼民源股票后不久，也就是在1997年2月，不知道什么原因，琼民源就被停牌了。

在股票市场，我第一次按照自己的意愿选择股票，就遇到这种意外情况，让我十分懊恼，但又没有其他办法，只能在无奈与焦急中度日如年地等待。

古人说，塞翁失马，焉知非福。这句话非常适用于股票市场，只要我们耐心等待，好运也能降临到我们身上。但当时因急功近利，我并没有意识到表面上看起来“倒霉”的事情，却隐含着好运。

为了弥补“琼民源”带给我的“损失”，我在股票市场上继续寻找快速获利的机会。

1997 年 6 月，我以 12 元多的价格又买进了 50 股深科技公司的股票，当时江苏的《扬子晚报》详细地报道了深科技公司，提到该公司采取多种方法与措施来改善经营状况，并且达到了立竿见影的效果，导致股价一涨再涨。

在股价涨到 20 元的时候，刚进入投资市场的我因没有长期持有的经验，加上琼民源股票停牌带给我的阴影，而且也习惯了短线套现，我不敢再追高就赶紧出手了结了深科技这只股票，净赚 3000 多元。

深科技股票获利后，我内心稍有安慰，就对深科技进行了深入研究，这时我才得知深科技公司此次股价上涨，是因为该公司增加了研发费用与人力资源，提高了深科技在市场上的竞争能力，让产品得以畅销，从而加大了市场的营销力度，也扩大了深科技公司的知名度。

深科技公司在中国电子信息产业中具有重要的地位。它的股价经过大涨后最高达到每股 24 元。之后开始回调，这时我回头再看看自己已经买在了高位区。在如今的投资中，我是不会去碰科技股的，因为它们没有稳定的经营能力与持续的竞争能力。

到了 1998 年底，我听到关于琼民源的消息，北京总部宣布琼民源与北京中关村科技园进行资产重组，琼民源股票更名为中关村股上市复牌，琼民源终止了上市资格。

然而，在等待的两年时间里，焦虑的情绪让我不敢再轻易相信自己了，又回到最初时跟随众人买卖股票的状态。受周围人短期炒作的影响，我频繁地做着短线交易，持股时间基本在 3~5 个月，也有买后被套的股票。如果买在了低价位，持有的时间也只有几天或几个星期，我已经习惯了赚快钱的乐趣，殊不知这是价值投资长期持有的大忌。

我和大家一样，在短期投机的情况下，见到股价一飞冲天就欢呼雀跃，急于出手；看到股价下跌就焦急不安，彻夜难眠。两年多的时间里，我把所有的精力和时间都浪费在股市上，也没有赚到多少钱。

没想到在等了漫长的两年以后，以 37.58 元开盘后的中关村股票上涨很快，在涨到近 50 元的时候，我才将其出手。这是我炒股以来，持有时间最长的一只股票。在两年多的时间里，这 200 股我获利了 2000 多元。

在 20 多年前，这 2000 元对我来说也算不少了。这次在股市上取得的小成就，为我以后长期持有优质企业的股票提供了很好的经验借鉴。

在股市中获得的小小成功，让我尝到了甜头。不过，这时候我还不懂这就是价值投资的优势，以为只是自己运气好而已。

2. 股票深度被套，一气之下远离股市

1996 年到 1999 年，在我居住的城市，投资做得好的人可以说是凤毛麟角。我这个人自幼爱学习，别人不看的报纸，我买；别人不关注的一些关于企业的新闻，我看。

对投资充满热情的我，那时候在投资方面没有高的要求，只想靠着自己的有限能力，当一个“民间投资家”，所以，当我在股市上小有盈利后，就会把心得记在本子上作为总结。

2000 年，是我进入股市的第 4 年，因为有几只股票让我赚了点小钱，我对股票的投资热情更大了。特别是让我获利的中关村（注：琼民源）股票，在两年内就从 37. 58 元涨到近 50 元，相当于每股涨了十几块钱，在当时国内大部分工人的工资才几百块的情况下，我持有的这只股票给我带来的收益相当于别人一年的工资了。

当时，身边的邻居与好友在那三五年间都输得惨不忍睹，有的投资者甚至被套得本金都收不回来，可我在这几年的投资中并没有亏损，还有几千元的利润。我以为找到了股市投资的窍门，胆子大起来，每天盯着股市抢进抢出，一边用错误的方法跟风似的重复着短线套利，一边幻想着能再找到像中关村那样的股票，给我带来丰厚的收益。

现在想起来，这种投资理念非常幼稚，因为自己资金实在有限，做的

又是短线套利，用这种赚快钱的方式，别说获得收益，能不赔钱已经不错了。

人性就是这样，总想着一本万利，空手套白狼，尤其是在股票市场上，人人都做着“发家致富”的美梦。但股市就像一块人人都想吃的大蛋糕，那么多人抢一块蛋糕，可想而知有多难了。

为了在股市获得更大的投资收益，就得找到好的股票。可是我在股票市场上找了很久，都找不到自己想象中的好股票。我这个人唯一的优点就是爱做总结，我对这几年的投资进行了分析后，发现好股票主要分为两种，如图 1-1 所示：

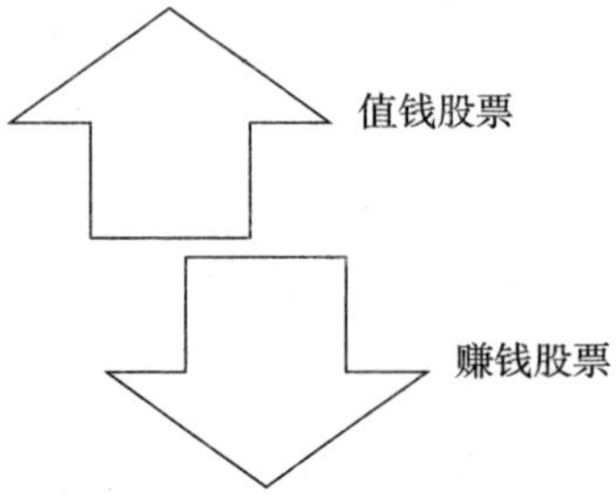

图 1-1　值钱股票和赚钱股票

（1）值钱股票

值钱股票就和人才一样，需要时间的检验、世事的洗礼才能发现其价值。特别是在变化无常的股票市场上，风险无处不在，涨跌幅度都由市场决定，那些能经受住市场考验，在股价多次下跌后仍能逆势翻盘，在经历市场动荡后依然涨回最高位的股票，就是值钱股票。而值钱股票背后，一定要有优质的企业或是优秀的公司做强有力的后盾。

比如，我持有的琼民源股票，它之所以停牌，是因为发行这只股票的公司内部的管理出现了问题，它后来被终止上市资格，中关村股票取而代之却升值了，说明这只股票还是值钱的。虽然我持有琼民源两年多是被迫的，但我真的应该感谢它的停牌，才为我后来研究价值投资打开了一扇门，让我第一次认识到值钱的股票是经得起时间考验的，也是第一次认识到炒股不能心急。

（2）赚钱股票

赚钱股票带有很大的投机、随机性质，它能赚钱在很大程度上完全依靠运气。这种股票就像温室里的花朵，难以抵抗外面世界的风雨，市场稍有风吹草动，跌跌不休后就是一蹶不振，触底后难有回弹的机会，最终让投资者以损失惨重收场。其实，短线套现最大的缺点是违背了自然规律，打个通俗的比喻，就好比种植水果，自然成熟的远比用药几天催熟的水果好吃，但是好吃的水果需要等待很长的时间。所以，在投资市场上长期靠着短线套利赚钱，是很难获得成功的。

那几年，我一边寻找着我分析出的这种值钱的股票，一边继续着快进快出的短线操作，那时我在股市的投资经验就是短线套现。

1999 年，我精挑细选的首钢股票在我重仓买入后持续下跌，很快被深度套牢，此时的我心急如焚，后悔不已，但是又无能为力。除了首钢股票，我买入的其他几只股票表现得也不尽如人意。

那段时间我彻底对股市失去了信心，确切地说，是对自己失去了信心。痛定思痛后，我深刻地意识到在股市投资并非想象的那么简单，而且自己在股市中学的所谓的投资经验，在自己被套牢后根本不值一提，一点都帮不到自己。

我不敢看盘，每天想着如何扭亏为盈，想得头痛也找不到好办法，于是干脆放弃，不再关注股市了。

其实，复盘我这几年的股市经历，虽然总账算下来，并没有损失钱，可能还小赚了一点，但是时间就是金钱，赔上这么长的时间，才赚这么点钱，这种投资太令我失望了。这根本不是投资，就是在浪费精力、时间和金钱。想到此时被深度套牢的股票，我感觉山穷水尽，决定不再炒股，一气之下逃离了股票市场，专心经营自己的生意。

就这样，我结束了3年多的股市投资活动，并在心里发誓，以后再也不做股票投资了。

3. 挫败中反思，领悟价值投资的真谛

在被首钢股份套牢后离开市场的那段日子，我在经营生意的同时，又忍不住对自己这几年的炒股经历进行沉痛的反思，第一次发现，自己在股市中的表现，存在着很大的问题，可是又不知道问题出在哪里。我在心里问自己："别人在股市中不也是这种操作吗?"想到这里，我突然之间醒悟了："为什么周围那么多人都在股市上亏钱，却还抱着侥幸赚钱的心理继续用这种方法炒股呢？答案很简单，就是故步自封，从来没想过自己的炒股方法有问题，更不愿意向成功的股票投资家学习。"

我又想到自己几年前初入股市时，可以说就是一个小白，对股票市场一窍不通，靠着仅有的一点对投资的热情，跟着周围的人凑热闹，才在股市中挫败而归。

古人说，活到老，学到老。就是告诫我们，不学习就会落后于时代，只有学的知识多了，才能融会贯通。就比如做生意，每天我都会盘货，复盘一天的出货进货情况，并记录下来，生意好时总结经验，生意不好时分析原因，才让生意一直做得很顺利。

从 1999 年离开股市后，我一边做生意一边寻找关于投资的书。我是在旧书市场看到巴菲特的书的，看了一页就被吸引了，心想：这么好的书，我如果早点看到多好。于是，我把旧书市场上所有关于巴菲特讲投资的书

全部买了回来，一看就入迷了，有时通宵都在看。

买完了旧货市场上的投资书，我又来到新华书店，看到这里有更全的关于巴菲特投资的书，我一次就买了三四本。两年下来，家里书柜都摆放不下了。

除了巴菲特的书，还有其他投资大师的书，只要我看过后觉得有帮助的，就买回来，每天抽时间仔细阅读。为了学透学扎实，我还做了大量的读书笔记。

在看过很多投资的书后，回过头再复盘我第一次投资失败的原因。追根溯源，我发现就是违背了巴菲特的投资原则，错在漫无边际地选股。将近 4 年的时间，我投资过的股票有很多，我把记得最清楚的股票列个表格记录一下，见表 1-1：

表 1-1　我投资过的股票

股票名称	赚取收益
中关村（琼民源）	被迫持有了 2 年赚 2000 多元
深科技	3000 多元
深发展	2000 元
青岛海尔	收益不足 1000 元
双汇发展	无
中兴通讯	无
万科 A	无
新和成	无
花园生物	无
苏宁电器	无
格力电器	收益不足 1000 元
四川长虹	收益不足 1000 元
登海种业	无
首钢股份	深度被套
	共计：9000 多元

除了上述股票外，我还买过其他很多股票，都因为追求快进快出、持有的时间越短越好，有的是几个星期，有的甚至只有几天，后期算下来没有任何收益，有的还小亏损。

在炒股的几年时间里，我唯一的收获就是盲目从众，在不知不觉中被大多数投资者所影响，整个人的情绪不受自己控制，即使事先想好了怎么做，但是一面对股市的气氛，立刻就融入其中。

记得当时的投资市场流行最广的就是“获利了结，落袋为安”、盈利了就不会破产等传言，我在1997—2000年的4年时间里，除了我说的3只股票赚了7000元左右外，在四川长虹、格力电器、青岛海尔这三只股票上都没有赚到1000元。

虽然我也有持有时间在一年左右的股票，但我在买入这些股票的时候违背了投资大师格雷厄姆“安全边际”的投资原则，买在了高位区，买后就亏损，等到一年左右后解套卖出去的时候，股价又一飞冲天地涨个不停。在我的记忆中，这三只股票都属于这一类型。

看巴菲特的书，让我不只学到关于投资的知识，还有他关于阅读的理念。只有勤奋努力敢于攀登高峰的人，才会取得常人难以取得的成功。因为一个人的知识体系就好像金字塔，底层坚固的支点是源源不断输入的知识，托着我们向更高的地方飞跃，帮助我们在擅长的领域做出骄人的成绩。正如巴菲特所说，“一个人一生如果想要获得过人的成就，注定与读书和终身学习形影不离”。

“股神”巴菲特能在变幻莫测的股市被称为“神”，并且多年来投资收益稳定在20%左右，创下30年翻11倍的投资神话，很大一部分原因就是他的学习精神。

已经90多岁的巴菲特，从20多岁起，就保持着每天早起先看书的生活习惯，这些书包括人物传记、历史百科、股票相关的书等，吃过早饭后再去办公室，继续看报纸、新闻，以及上市公司的财务报告等。

巴菲特在涉足股票以前，是从事保险业务的。那时候他就喜欢看书，书的范围从金融书刊到历史文献，从保险投资到各种人物传记，等等。广泛的阅读，让他拥有了格局和胆识，初次在保险公司投资时，他一次性投了 9000 美元，这可是他攒了多年的全部积蓄。

初次投资试水，就让巴菲特收获了很高的收益，给了他继续投资股票市场的勇气，同时也让他意识到，多读书不但能生智慧，还能生财富。

当读书和股票成为巴菲特最重要的事业时，人们经常能在内布拉斯加州府林肯市的图书馆看到他埋头读书的身影，他一边查阅各种保险业的文献及统计资料，一边看股票和其他方面的书，从不同领域的书中撷取他需要的知识来丰富自己。

在 70 多年的 25550 天里，他坚持把一天中 80%的时间用于阅读，涉猎极广，拓展了他的知识领域。这种一年 400 多本书的阅读量，相信在当下也是极少数人能做到的。可以说，他的头脑就像知识宝库一样，贮存着各种各样的知识，而他仍然在通过多样化学习源源不断地输入新的知识。在工作中做决策时，他敏捷的头脑像电脑的搜索引擎一样，自动把他所需要的知识查出来。

巴菲特对读书的狂热程度，就连他的合伙人查理·芒格都深感震惊，不无佩服地说："我这辈子遇到的来自各行各业的聪明人，没有一个每天阅读的——没有，一个都没有。而沃伦读书之多，可能会让你感到吃惊，他是一本长了两条腿的书。"

学习是共通的。广泛的学习不但能拓宽我们的知识面，还能提升我们的认知能力，有助于我们在投资领域的分析和研究。

成功的投资者是善于学习的，他们不会人云亦云，追涨杀跌，更不会卷入那些运用技术分析进行的短期投机，而是在自己宽阔的能力范围内做理性的决策。

经过反复阅读巴菲特的书，我被巴菲特的投资理念深深折服，豁然开朗。他建议投资者在投资领域不断地学习，有了足够的知识储备，才能对市场进行科学的分析和研究。投资股票就是投资上市公司，只要上市公司的经营状况良好，我们的学习就不能终止。

为此，我把巴菲特的投资理念做了归纳总结，主要包括以下四点，如图 1-2 所示：

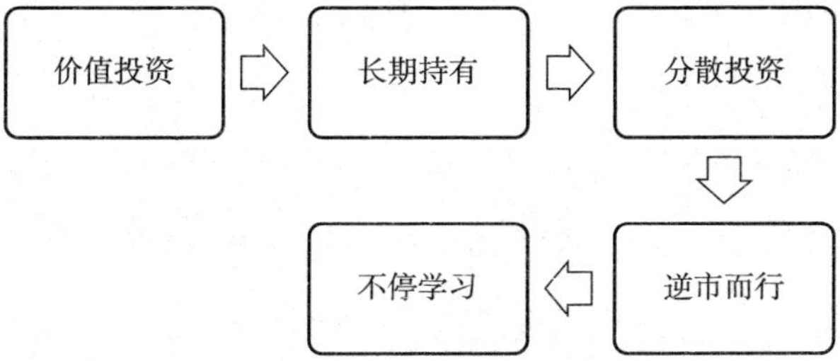

图 1-2　巴菲特的投资理念

巴菲特提倡的这几点，正是目前我所缺乏的。我回忆了一下炒股的历程，就是怀着投机的心理，在股市上跟风、从众，才导致自己在股市惨遭失败。

通过分析巴菲特投资理念，我发现他说的价值投资有三个特点，就是找到优秀企业的股票并长期持有，分享企业的增长分红。而像我现在这样短期套利，是价值投资的大忌。

巴菲特所讲的这种股票，不就是我一直想要找的“值钱股票”吗？

假如我能选择几只具有持续竞争优势的企业股票长期持有，不就可以长期稳定地分享优秀企业的增长分红了吗？

我是一个行动力很强的人。通过大量的阅读，再结合这几年失败的投资经历，决定改变离开股票市场的想法，把所学的知识用于实践中。于是，我带着从投资书籍中领悟到的投资灵感，决定重返股市。

4. 挑选“价值”股票，功夫要用在盘前

2001 年，离开股市两年后的我重回股市，此时此刻，我满脑子都是巴菲特和其他投资大师们的投资理念，与之前初入股市的我判若两人。我不再着急买股票，更不会跟风买进卖出了，而是根据自己所理解的投资知识活学活用。就这样，我一边做生意，一边找股票，一边看书，一边把所学知识用于实践。

巴菲特建议我们：“不要‘炒’股，你要买价值，永远不要卖。”从巴菲特这句话中，我总结出了价值投资的定义。

所谓价值投资，通俗地讲，就是投资者要在股票市场上选择一只有价值的股票并进行投资。这里提到的股票“价值”，就是未来带给我们的无法用数字计量的收益。

之后，我严格地按照巴菲特说的那样，不轻易购买股票，而是遇着有价值的股票才入手。

在挑选“价值”股票前，对于心仪的股票，我更不敢大意，会耐心地进行研究和分析。为了一目了然，我用表 1-2 来展示我对心仪股票的分析，这是我提供给新手炒股的方法。

表 1-2　对心仪股票的分析和研究

公司	现在价格（美元）	欲买价格（美元）	点评
美国运通	135	100	不够便宜
阿姆根公司	65	45	太贵了
思科系统公司	130	小于 60	下挫风险太大
联邦快递	33	小于 40	现在可以买
通用电气	135	135	现在可以买
宝洁公司	65	小于 85	准备买入

这样对比不是太明显，如果用图，就能一目了然地看到哪只股票可以买入。如图 1-3 所示：

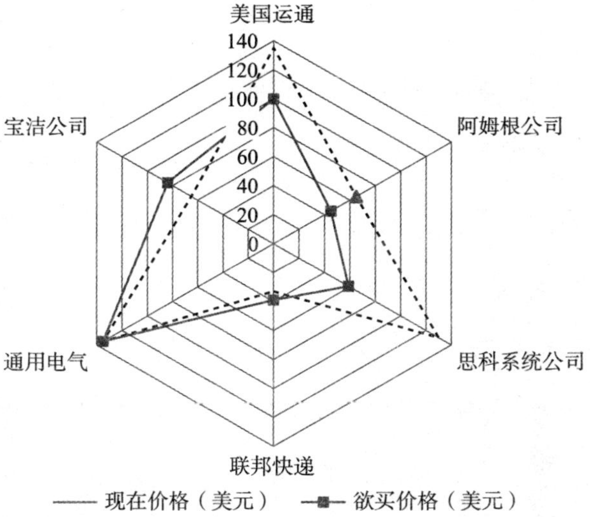

图 1-3　对心仪股票的分析和研究

用表和图这样的分析方法，一个很明显的好处就是让自己时刻保持警惕，在购买之前，必须确定购买公司的合理价值。

对于自己选中的价值股票，我还会进行详细的调研和分析，并且从多方数据来查询资料，看近 10 年的涨幅，预估该股票的价值，再决定是否入手。见表 1-3。

表 1-3　A 股涨幅前 10 名企业的毛利率

股票名称	10 年涨跌幅	10 年平均毛利率（%）
格力电器	6997.14	29.01
康泰生物	6029.37	82.59
先导智能	4702.1	41.03
泰格医疗	3797.82	45.17
同花顺	3554.65	86.28
贵州茅台	3280.61	91.60
海康威视	3233.98	45.90
爱尔眼科	3007.75	48.27
欧普康视	2908.34	76.73
通策医疗	2699.56	43.63

注：有些公司上市不足 10 年，年均毛利率采用过去 5 年数据。

资料来源：同花顺。

表 1-3 对每只股票的走势表现得可能不太明显，如果体现在图上，就能够一目了然。如图 1-4 所示：

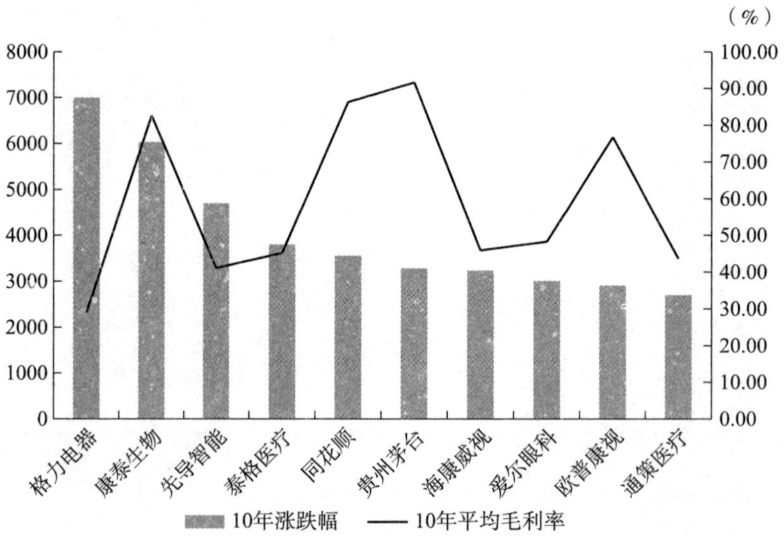

图 1-4　A 股涨幅前 10 名企业的毛利率

注：有些公司上市不足 10 年，年均毛利率采用过去 5 年数据。

资料来源：同花顺。

我们都知道，股市如同变幻莫测的大海，前一秒钟还是风平浪静，后一秒钟就是惊涛骇浪。投资者要想在股市中谋发展，就要杜绝“垃圾股”，不管“垃圾股”多便宜，“前景”看起来有多好，都不要买入。

挑选有“价值”的股票，功夫必须用在购买前，也就是盘外。前期工作做得越细，投资者后期的工作量就越轻松。

祸兮福所倚，福兮祸所伏。投资市场遵循着“能量守恒定律”，股市里的钱不会凭空消失，有人因投资不慎赔得倾家荡产，自然也就有人因持有的股票价值高赚取巨额财富。能够在金山银山的股市里做一次有价值的投资，成为很多普通投资者梦寐以求的目标。

在投资市场上，一只有价值的股票，就像神话故事里的聚宝盆，可以源源不断地给我们创造无限的财富，那么，如何从茫茫股海里选择有价值的股票呢？

股票的“价值”，既不取决于市场的追捧，也不是以“低价格”吸引眼球，更不是人人看好的“潜力股”，这些浮于表面上的“优势”往往只是为了蒙蔽我们。决定一只股票价值的是其背后的公司。在买入股票前，除了对所选股票的标的公司进行严格、全面的了解外，还要根据持有股票的年限来对比收益，这样才能买到真正有价值的股票，实现“支付的是价格，获得的是价值”的目的。

这种有“价值”的股票，是极为罕见的。巴菲特自己持有的也不到 20 只价值股。我在 20 多年的投资市场上，也只选择了两只在我看来有价值的股票，就是贵州茅台和片仔癀，我可以持有 30~40 年，甚至终生持有，或者留给子孙后代。

常言道，大道至简。正确的方法都是简单易懂的，我后来用的选股方法总结起来更是简单易操作，但是标准极为严格。股票必须符合以下要求，如图 1-5 所示：

图 1-5　我的选股标准

（1）高收益

这里说的高收益，就是所选的这只股票，每年能给我们带来持续的分红。也就是说，这只股票在市场呈现的是持续上涨的趋势。

（2）长期持有

这种股票，因为其价值是随着市场的浮动增值的，所以，持有时间越长，其价值越大。

（3）垄断性

一只价值股票的真正“价值”，不是股票本身，而是它所在的公司。这种价值股票，一般来自具有垄断市场的公司，比龙头公司还要有竞争力。

5. 学习巴菲特，打造稳健的投资组合

巴菲特说过，价值投资很简单，就需要一个条件，只要愿意读书就行了。恰好我符合这个条件，从小就酷爱学习，把看书当作乐趣，当成一种享受。

学习价值投资，我花费了 10 多年的时间。俗话说，锻炼身体在早上，事业成功在晚上。因为夜深人静时，头脑清晰，学习效率高，所以，我的工作习惯就是天亮了睡觉，晚上看书和工作。

这种工作方式保持到现在，别人工作我休息，别人休息我工作。夜深人静的时候，我把学习和工作分成两段时间：

前半夜的时间学习，看投资大师的著作，把对我有用的话摘抄在我记录投资的本子上。一方面加深记忆，另一方面我在工作中查阅投资情况时，可以随时借鉴。

后半夜用于工作，我查看所持有的股票的公司现状，结合投资公司前期公布的财务数据进行分析，这样就能大致预估投资公司近期的经营情况。

我深受投资大师本杰明·格雷厄姆、菲利普·费雪、沃伦·巴菲特的集中投资少数几家优秀企业的观念影响，而非撒大网式的分散投资。我在学习巴菲特的价值投资时，会根据自己真实的财务状况，选择优质公司的

股票来持有。

巴菲特认为："如果你有40个孩子，你不可能对其中任何一个有清晰的认识。投资者一定要持有几只有前途的股票，而不是一群内在价值很差的股票。"依照巴菲特的这个投资理念，我们来看一下巴菲特公开发布的投资组合，见表1-4、图1-6：

表1-4 巴菲特的投资组合

公司名称	持股量（股数）	持股比例（%）	市值（亿元）
美国运通	151610700	11.8	73.12
可口可乐	200000000	8.2	101.5
吉利	96000000	9.5	35.26
H&Bblock	1461090	8.2	8.09
HCA	15476500	3.1	6.65
M&Tbank	6708760	5.6	6.59
穆迪	24000000	16.1	14.53
中石油	23389601000	1.3	13.4
华盛顿邮报	17277651	8.1	13.67
富国银行	56448380	3.3	33.24
其他	略	略	略

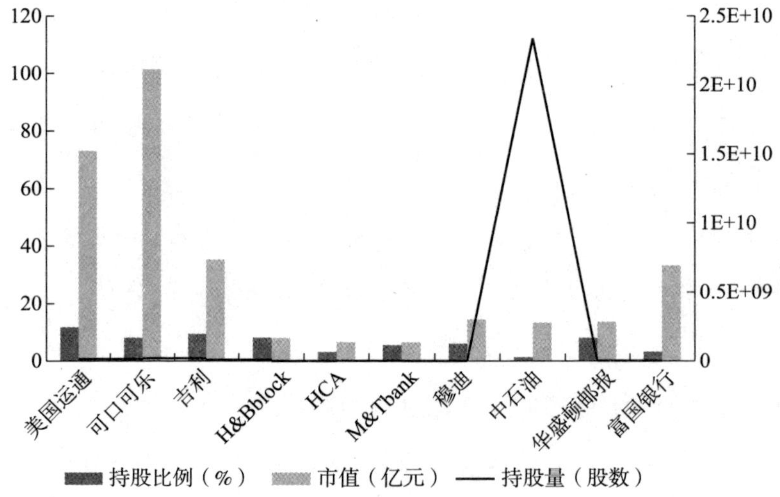

图1-6 巴菲特的投资组合

从巴菲特的投资组合来看，他选择的大多是在全球有影响力的优秀企业或公司，而且所占的投资比例没有超过20%。通过集中投资，风险也相对减少，巴菲特创造了惊人的投资回报率。

巴菲特说过："我的财富来自于我最深信不疑的投资方式，那就是把大量的资金投入到那些我所了解的并且优秀的企业中去。而对于大多数投资者来说，把大量资金分散投资在众多不同的股票上，不但不能像他们所设想的那样避免风险，反而会使他们经常面临亏损的威胁。"

长期持有一定要有自己的投资风格和操作计划，有利于投资者增强投资理念和坚定持股信心，最终达到投资成功的目的。前面我讲过，投资的重中之重是考察投资公司与深入地了解它，如果要积累财富，就要选择适合雪球滚动的坡道，山坡要足够长，雪球滚进湿雪的坡道后，湿雪与雪球黏得也足够紧，这样的雪球就会越滚越大。投资者聚敛财富的时候最重要的是与投资公司共同成长，以长期分享该公司的发展红利。

作为一名投资公司的股东，绝不可以随便调换自己投资组合中的股票，优等投资组合应该遵守首因效应，因为变来变去的投资组合就会浪费时间。在股票投资市场中要想赚取超额的投资收益，你就必须集中精力做好选股的事情，否则你就会出现时常变动的投资组合。

我在2010年建立第二次投资组合，投资组合中的核心资产分别有贵州茅台、片仔癀、迈瑞医疗、恒瑞医药、爱尔眼科和欧普康视，而持有时间是5年或10年以上。

我一次性选好的投资标的持有至今，中途没有变动过。2020年我做过一次市值总结，10年时间增长了10多倍的投资收益。

我从2010年买入贵州茅台后，直到2023年2月底，近12年半的时间，成本已从当初的202元降到6.13元。成本的下降主要是受到分红送股的影响，以目前贵州茅台股价1850.00元计算，12年半的增长率就是301.79倍。

事实证明了巴菲特的睿智，也证明了我的做法正确。我要是不把钱投在连傻瓜都能经营好的公司中，12年半赚取300倍的投资利润就只能是天方夜谭。

我这个投资组合里面有6只股票，其中有2只是贵州茅台和片仔癀，这2只我会永久性持有。好股票都是永久性垄断和区域性垄断的，比如码头、港口、高速公路、收费站都是有垄断性的。贵州茅台是永久性垄断的，别人酿造不出茅台酒，是无可替代的，有独立的定价权，算得上是中国的龙头老大。片仔癀配方国家保密局保存起来，具有持续垄断特征。

对爱尔眼科，我做的虽是短期套利，但也是建立在长期框架上，持有5~10年。

在长期投资的实践中我也清醒地认识到，分散投资虽然可以分散一些股价波动的风险，但也无情地降低了投资的收益。

所以，我在建立好第二次投资组合后，任凭持有的股票在市场中跌和涨，我都不去关注，也不受他人的干扰。最主要的原因就是，我在最初挑选股票时，是下了一番功夫的，我多次考察投资企业，清楚企业的真实情况；我通过解读巴菲特等多位投资家的投资理念，深刻地领悟到了“价值投资”“长期持有”的真正含义。

与其说我相信投资公司，不如说是我相信自己选的股票是有价值的。而后来的事例也证明，我的预测是准确的。

在投资的过程中，结合我的投资经验，我总结出对我来说非常实用的三种打造稳健投资组合的方法，如图1-7所示：

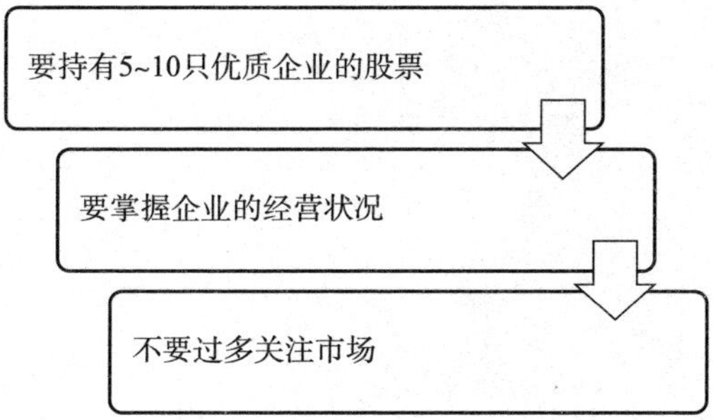

图 1–7　稳健投资组合方法

（1）要持有 5~10 只优质企业的股票

如果把优质企业的股票比喻成“鱼”，那么优质的企业就好比汪洋大海，“海阔凭鱼跃”，这种企业的股票有足够升值的空间。投资者只有长期持有 5~10 只优质企业的股票，才是走向财富自由的成功之路。

（2）要掌握企业的经营状况

要想坚定地持有投资企业的股票，就要掌握企业的经营状况。俗话说，“小不忍则乱大谋”，这是一个成功投资者必备的素质，也是一个人想要成就一番事业必须坚守的投资法则。我第二次建立投资组合时，会与这几家优秀企业共同成长，对于企业的经营状况和竞争情况，都会进行认真的分析与研究。

（3）不要过多关注市场

股市变幻莫测，再加上网络时代的各种“小道消息”，以及来自周围炒股朋友的“建议”，很难让我们做到不动摇，所以，最高明的方法就是远离投资市场，这样才能看清自己的投资是否正确，最终使自己不改变价值投资的立场。

6. 不做傻子投资，用投资“字典”约束自己

有位伟人说过，世上的事，最怕“认真”二字！无论我们做什么事情，只要肯下功夫，认真去做，成功概率就大。我在投资领域获得的这点成功，在很大程度上就是因为“认真”。

从小到大，我就是一个做事非常认真的人，只要是我认准的事情，我就会下苦功去学习、去实干，而且不怕失败，屡败屡战，善于从多方学习中找克服困难的方法，直到成功见效为止。

2013 年，我正式退休后，就成为职业投资家了，与以前的业余投资相比，专业投资的时间比较充足，也就更有时间学习巴菲特的投资理念了。

我这一学就是十几年，边学边操作。虽然价值投资看起来简单，但实践起来太不容易了，因为实际操作中，经常受股市大盘涨跌影响，一不小心就会做出后悔的事情。这也是很多践行价值投资的人难以坚持的原因。

所以，经常有很多粉丝向我提问：股市在大跌或是大涨时，是如何做到不卖掉持有的股票套现的？我持有股票十几年，是怎么做到每年只开 4 次电脑，而每次只用 15 天左右的时间来做市值的？在我持有的股票好几年不温不火时，又是怎么做到一直坚持不卖出的？

我的回答是：“因为我在选股票前，是抱着长期持有的心态，自然在选择环节上要做足准备功课，对股票的‘身世’进行了周密的考察，是在

完全符合我价值投资的条件下才入手的。所以，一旦入手，我就静等它升值。在升值的过程中，自然会经受市场的洗礼。而一只股票的价值，就像大浪淘沙一样，在股市的浪潮中方能体现出其价值。如果一开始它就一路飙升，那反而不是价值股票了。”

我经常把挑选股票当作学子的高考，前期的准备过程就是苦学的时光，虽然很艰难，但是只有把功夫下足，才能有实力在考场上考出优异的成绩。即使偶尔有失误，也比平时不学习的人考得好，何况失误的概率也低。

选好股票后，我会坚持自己的“三不”原则：一是不看盘；二是不研究宏观经济走向；三是不研究技术。比如，像短线研究、K 线图，我都不会去看。因为我是长期投资，而买进卖出的时间是一段一段的，几个月买卖一次。所以，我一个季度只开一次电脑，使用电脑的时间短则 10 天左右，长则 20 天左右。

我在电脑上只看股票增长情况，如上市公司的竞争优势、财务情况、毛利润、经营业绩等。我喜欢看企业年报，对投资来说重要的数据就只有那十几组。财务数据并不向投资者提供，是向政府公开的，比如工商部门、举债人、财务部门等。

巴菲特说过：“不满五年的投资就是傻子的投资，因为企业在短期体现不出来它的价值。”通常情况下，由于我选择价值股前就抱着持有 5~10 年时间的打算，甚至永久持股，我前面也讲过，价值投资就是长期持有优质企业的股票，分享它的长期发展红利，就是为持有年限长或是永久性持有打基础。所以，我的投资原则就是选好股、做长线。

正是抱有这种长期持有的目的，才让我挑选前会格外谨慎。就好比年轻人谈恋爱，如果你本着“执子之手，与子偕老”的赤诚之心与对方交往，就会认真地了解对方的性格、三观、原生家庭等情况。在相处时，也会多方面去了解，这样磨合好后，才有可能白头偕老。

根据我的观点，赚钱少的公司不是好公司。对于市场中的短期投机者来说，赚钱的多少都无所谓，他们仍然可以在赚钱少的公司股票中获利。对集中投资长期持有者来说，赚钱少的公司就会被踢出选股的范围。正是公司经营业绩的增长，才可以推动股价的长期上涨，所以，业绩的增长才是股价上涨的引擎。

我在 2010 年重返投资市场，建立起了第二次投资组合。按照巴菲特的集中投资少数几家优秀企业的理念，用复利增长的图表来指引自己的投资方向，现在我清醒地认识到复利增长的威力。每次股票下跌时，我一边做笔记，一边为自己持有的股票画复利图，以此来告诫自己，如果此时去动股票，那么这张复利图将和自己无缘。

我举个例子，如果投资本金 10 万元，年利率 10%，30 年单利总收入 40 万元，而 30 年复利总收入 174.49 万元。见表 1-5：

表 1-5　10 万元本金 30 年中的单利和复利

时间	复利（万元）	单利（万元）
第 1 年	11	11
第 2 年	12.1	12
第 3 年	13.31	13
第 4 年	14.641	14
第 5 年	16.1051	15
第 6 年	17.71561	16
第 7 年	19.487171	17
第 8 年	21.4358881	18
第 9 年	23.57947691	19
第 10 年	25.9374246	20

续表

时间	复利（万元）	单利（万元）
第 11 年	28. 53116706	21
第 12 年	31. 38428377	22
第 13 年	34. 52271214	23
第 14 年	37. 97498336	24
第 15 年	41. 77248169	25
第 16 年	45. 94972986	26
第 17 年	50. 54470285	27
第 18 年	55. 59917313	28
第 19 年	61. 15909045	29
第 20 年	67. 27499949	30
第 21 年	74. 00249944	31
第 22 年	81. 40274939	32
第 23 年	89. 54302433	33
第 24 年	98. 49732676	34
第 25 年	108. 3470594	35
第 26 年	119. 1817654	36
第 27 年	131. 0999419	37
第 28 年	144. 2099361	38
第 29 年	158. 6309297	39
第 30 年	174. 4940227	40

下面我们再来看 30 年的单利、复利的 K 线图，如图 1-8 所示。

我约束自己最成功的方法，是用复利增长表来指导投资。我把这张复利的对比图画在我记录投资情况的本子上，平时会翻阅这个本子，告诉自己，要不想做傻子投资，就得去做复利投资。而要想在投资中收获复利的回报，必须做长期投资，这样才能把眼前的得失置之度外。

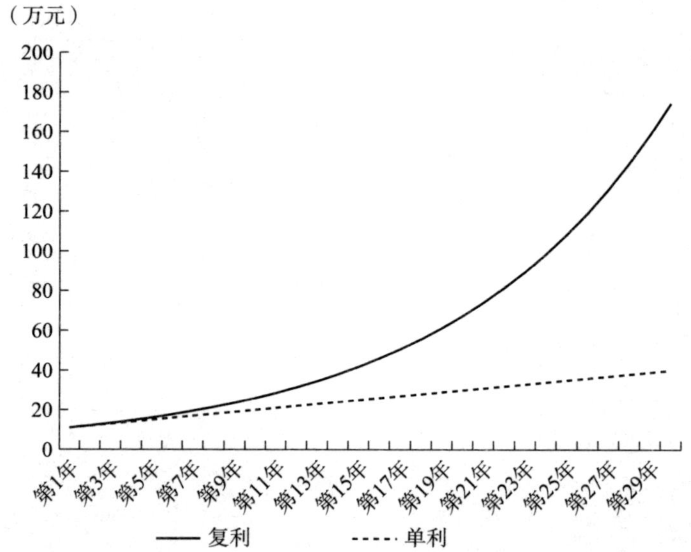

图 1-8　10 万元本金的单利和复利

投资者要想在市场的大幅波动中仍然能抱牢手中股票，必须精挑细选具有长期垄断优势的公司股票，也就是“皇冠上的珍珠”这类公司。由于股票受经济周期与市场的牛熊市影响，你会发现上涨的时间是短暂的，下跌与波动的时间占 90%。在股市的牛市熊市周期里，唯有超级明星公司的股票才能顺利通过市场的考验，实现我们预想的目标。

我后来建立的投资组合，都是以“永久性”为目标建立起来的投资组合。在这个投资组合里，我一定要放上 1~3 只打死都不能卖的具有可持续竞争优势的股票；另外，还会选择具有自主定价权的“皇冠上的珍珠”公司的股票，比如贵州茅台、片仔癀等；还要配置几只短期套利的优质公司，比如迈瑞医疗、恒瑞医药、爱尔眼科、招商银行等不超过 10 只优质企业的股票。

对于几只短期套利股票，我一般会持有 3~4 年，有的还持有 5~6 年，今后我还准备把短期套利的时间延长到 10 年左右，甚至更久。

我还是强调，在投资的过程中，投资者必须多花一些时间和精力做研究，把投资过程中的每笔重要数据都书面记录下来，天长日久，随着你记录的投资情况次数的增多，你的本子会成为万能的投资“字典”，使你随时可以查询自己这些年所持有股票的收益。

当你受股市涨跌影响时，翻看过往的投资收益，会让你按捺住冲动心理。如果本子上有“失败”交易的记录，你就要提醒自己不要重蹈覆辙；如果本子上有“成功”交易的记录，你就鼓励自己再接再厉，继续争取你的复利收益。这一点对我的投资成功是有很大的帮助的。

同时，我在买入新的股票后，会紧密跟踪并做笔记，从买入那天起记录每股的成长历程，做以下功课。如图 1-9~图 1-12 所示：

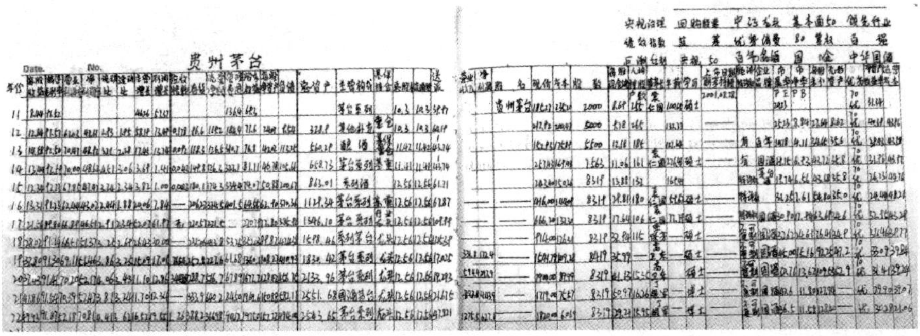

图 1-9　贵州茅台

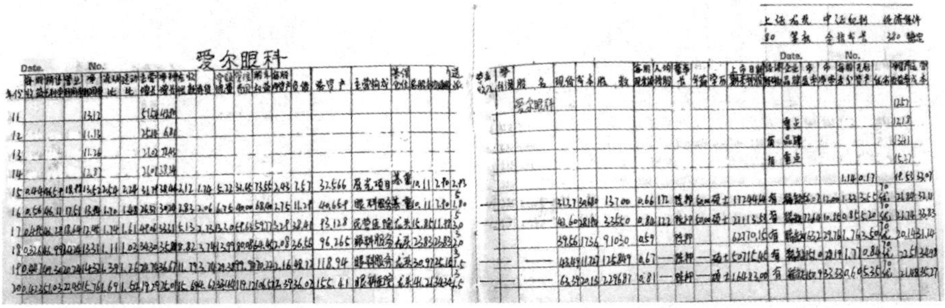

图 1-10　爱尔眼科

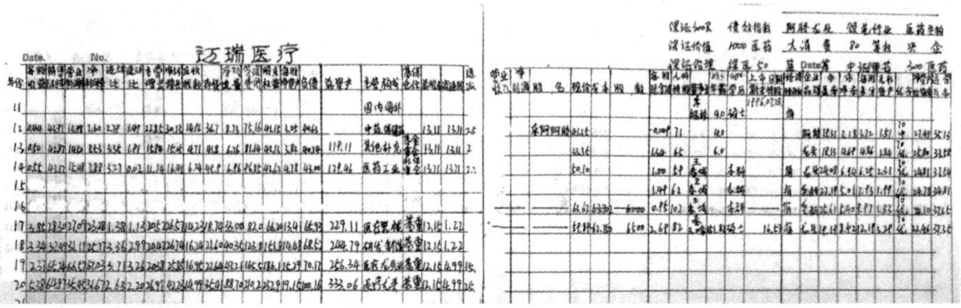

图 1-11　迈瑞医疗

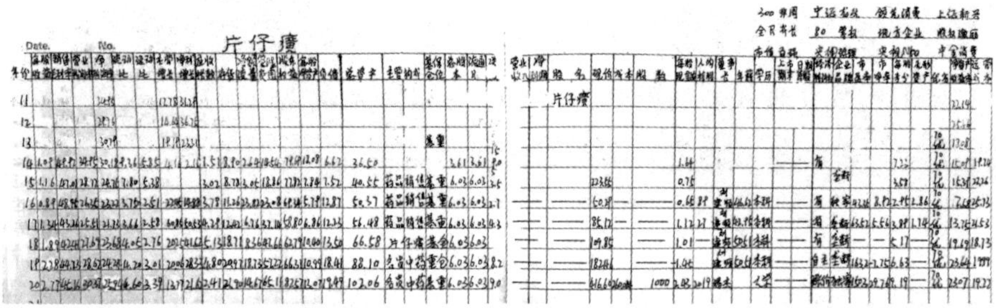

图 1-12　片仔癀

在这个本子上，我还会把从各个渠道了解到的关于投资公司的情况记下来，结合股价的动态加以分析。总结这几年的投资经历，我发现，股价的走势跟公司每个阶段所发布的经营情况、财务状况有很紧密的联系。如果我事先看到了公司公开发布的财务和经营状况，心中就大致预测出那段时间的股价如何了。

有这个记录，再结合股票的市场情况，就能很轻松地断定自己股票未来几年的走势，所得的收益就是公司的分红。如果所持有的短期股票出现状况，也能早做预防，或者在股价涨到合适的价位时出手。

不过，到目前为止，我选择的投资组合中的股票，还没有提前出手过。因为事先做的功课足，所投资的公司股价浮动一直在我的预料中。

在我 2010 年底到 2013 年 6 月建立的第二次投资组合里，除了套利鱼跃医疗盈利 208003.53 元，乐普医疗盈利 485091.68 元，海康威视盈利

352771.74 元外，我在招商银行、中国平安、信立泰这三只股票上分别盈利了 566189.80 元、500487.36 元和 37643.18 元，合计 2150187.29 元。在其他股票上盈利的分别有众生药业、万科 A、东阿阿胶、宁沪高速、同仁堂等，虽然盈利没有上面 6 只股票多，但是股价涨跌幅度都在预期之内。

表 1-6 是我做价值投资后的盈利情况。

表 1-6　第二次投资组合的盈利情况

	股票名称	盈利
1	鱼跃医疗	208003.53 元
2	乐普医疗	485091.68 元
3	海康威视	352771.74 元
4	招商银行	566189.80 元
5	中国平安	500487.36 元
6	信立泰	37643.18 元
7	众生药业	略
8	万科 A	略
9	东阿阿胶	略
10	宁沪高速	略
11	同仁堂	略
12	……	
		共计：2150187.29 元

从 2010 年开始，我坚持在股市上做的就是价值投资，建立的投资组合践行的也是集中投资，长期持有优质公司的股票，应该是走对了路。

长期以来，践行价值投资的人多，但成功的人少，究其原因就在于两点，如图 1-13 所示：

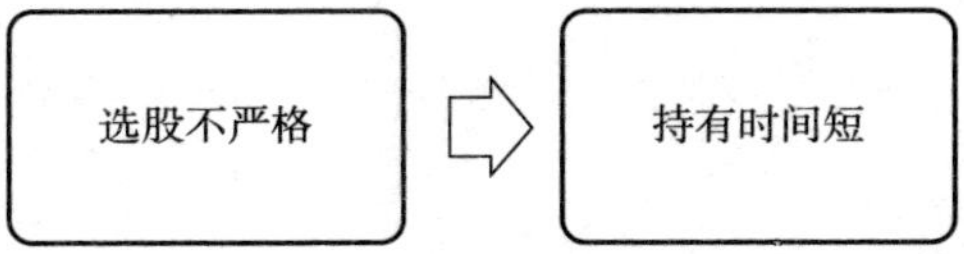

图 1-13　做价值投资要注意的问题

（1）选股不严格

大多数投资者都会偏爱那些低价股，有的投资者更是偏爱那些没有实际价值的“题材股”“概念股”“ST 资产重组股”等，他们这种追求低价的投资态度，体现了对选股不认真、不重视。并不是说低价股不能持有，而是在买低价股时，必须对所投资公司进行严格的评估，而不是抱有侥幸心理。

真正的价值投资者是理性投资者，根本就不相信“只有百分之几机会中的咸鱼翻身”的股票，他们称这种股票是“垃圾股”，因为这些股票没有把握稳定长期盈利。

（2）持有时间短

很多投资者迷信“落袋为安”，认为只要把钱先放在自己口袋里，就获得了利润，越短时间套现得到现金越好。殊不知这种投资方法是最得不偿失的。频繁地抢进抢出除了交纳手续费外，还无法看到这只股票的升值时间，更重要的是，无法获得更大的收益，在投资领域永远难以进步。

投资者要想在投资中成为长期的股市大赢家，就必须选择既具有持续竞争优势又有企业自主定价权，或者上市以来拥有 5~10 年优秀历史（在该股的年 K 线上就能表现出来牛走势）的行业龙头，这一点很重要。

7. 摸清股市规律，伺“机”而动

《易经》有两个卦，一个叫否卦，一个泰卦。“否”是指坏卦，“泰”是指好卦。这两个卦是互相转化的。任何事情，如果往坏处发展到极点后，会慢慢地往好处转变，叫“否极泰来”，这是宇宙万物的运行规律。

股市行情也是如此。多年来，股市中出现过很多低谷反弹的龙头股。要想在股票市场上获利，投资者必须保持理性，保持自律，学会等待，这需要忍受常人忍受不了的孤独，不受狂欢和恐惧人群的影响。往往这类人，才是股市中赚钱的那一小部分人。

因为趋利避害是人类的本性，很多投资者习惯了“短线套利”，只顾满足于眼前的利益，看到股票涨时就欢呼，看到股价跌时就在恐慌不安之下做出错误的举措。

我在长期持有优质企业股票的过程中发现，买的股票多卖的股票少，有的时候甚至几年也不卖一股。相反，每年的分红送股使我的投资组合逐渐壮大起来。所以，我喜欢市场下跌，只有下跌才能让我以低廉的价格增持股份。这就是我推崇价值投资的原因。

我在多年前就已经意识到价值投资是走向大赢家的指南。兴趣是成为大赢家的第一要素，因为“兴趣是最好的老师”，没有兴趣的投资只能称为谋生或虚度时光，是投资者迫不得已的行为。在这样的行为中，获得成功的人少之又少，相反，我认为一旦在投资中的盈利增多，无形中就提高了我们投资的乐趣。赚钱的乐趣会淡化我们在分析研究持股公司、做投资功课中的疲劳。

同时，通过在股市上赚取财富，能为我们带来火热的激情和源源不断的动力，成功也会随之而来。随着投资公司的规模越来越大，自己的盈利也越来越多，得到分红的现金也在增加着持股，导致投资组合随着时间的推移逐年壮大起来，所以，拥有一个 10 年或 20 年分红在不断增长的投资组合，想不赚钱都难。

正是投资市场中的股价上涨与下跌的不停波动，让股市变得异常活跃。当买进股票的人多于卖出的人时，说明股票供不应求，股价自然上涨；当卖出股票的人多于买进的人时，说明股票供大于求，股价就会下跌。

一旦股票连续下跌，市场的卖盘消耗殆尽后，会达到一个临界点，也就是跌无可跌的时候，强劲的反转就已经到来了。

在长时间的观察中不难发现，在月 K 线、季 K 线中，股价的低点是逐步抬高的，以我购买的几只长期持有的股票为例，如图 1－14 至图 1－23 所示：

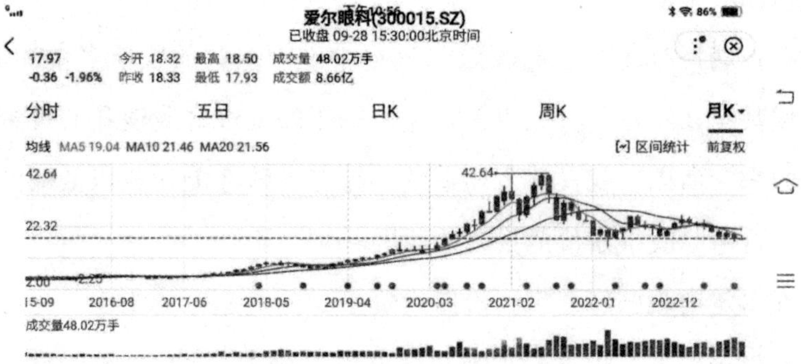

图 1－14　爱尔眼科月 K 线

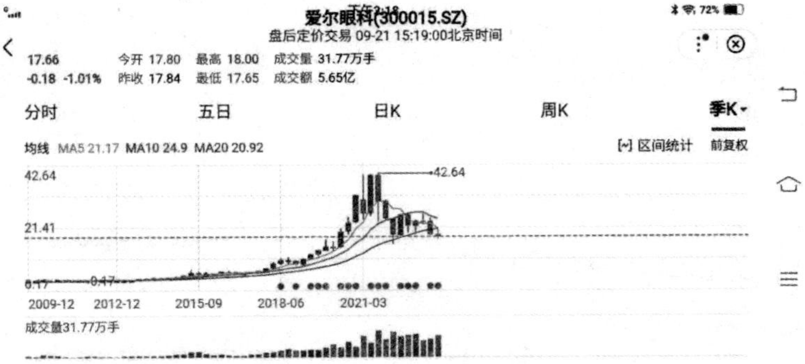

图 1–15　爱尔眼科季 K 线

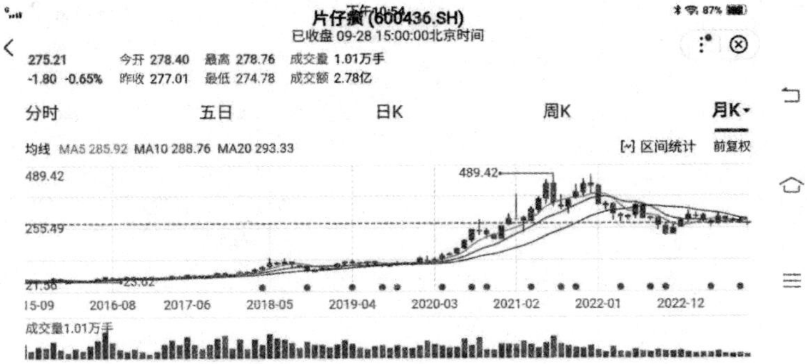

图 1–16　片仔癀月 K 线

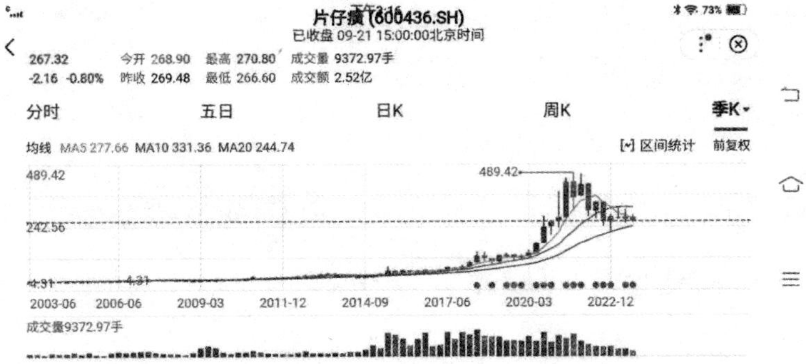

图 1–17　片仔癀季 K 线

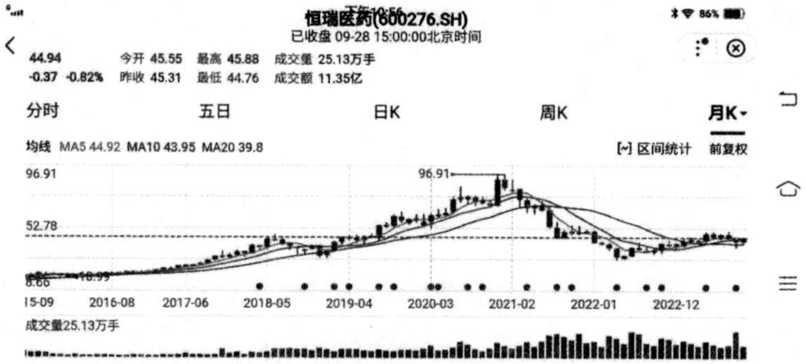

图 1-18　恒瑞医药月 K 线

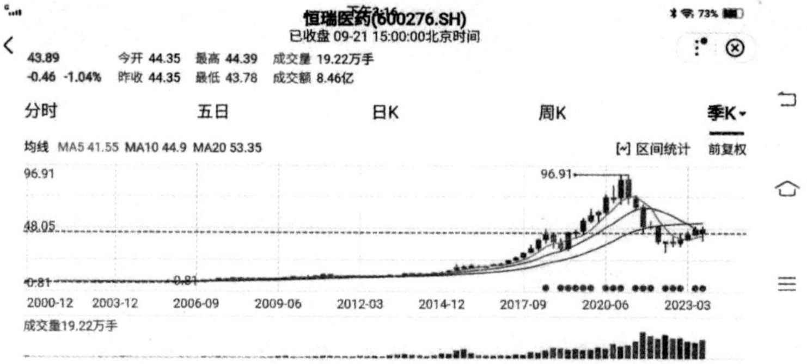

图 1-19　恒瑞医药季 K 线

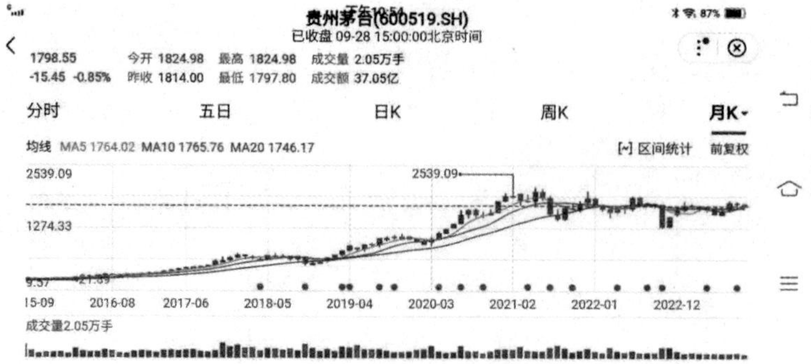

图 1-20　贵州茅台月 K 线

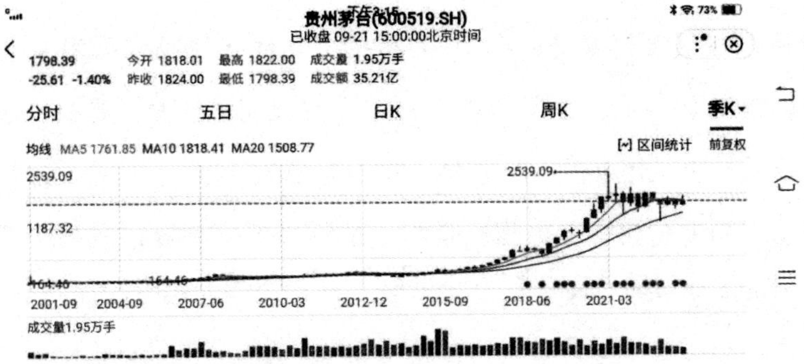

图 1-21　贵州茅台季 K 线

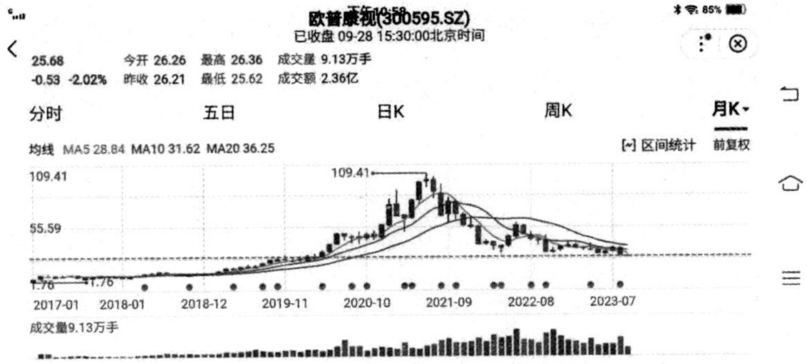

图 1-22　欧普康视月 K 线

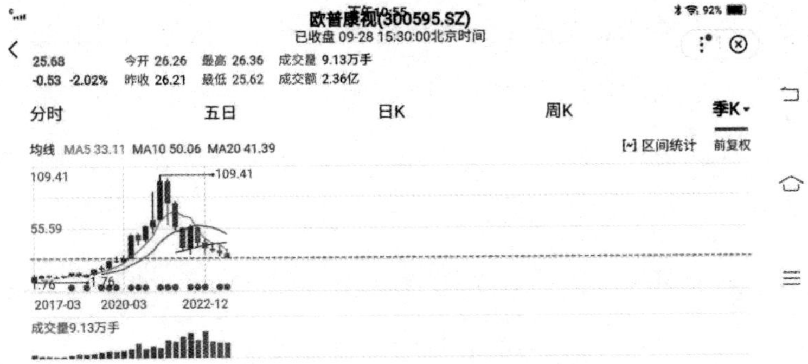

图 1-23　欧普康视季 K 线

通过分析这几只股票的月K线和季K线图我们会发现，除了欧普康视的K线图跌涨幅度较大外，在20多年中，其他4只股票都趋于上涨，只是上涨的幅度不一样。而从2018年开始，涨幅明显加大，哪怕在一个阶段偶尔会下跌，也是短期的，从整体上来看是涨大于跌。

试想，如果短期持有这几只股票，难免会受情绪影响，在涨或跌时卖出，自然就无法享受到现在的公司分红，股票很难获得复利的收益。

事实证明，做多的投资者总比做空的投资者成功的比例要大一些，投资市场的股票价格围绕着上市公司的内在价值上下波动，它就像左右不停摆动的钟摆，自然地形成了物极必反、否极泰来的规律。钟摆的弹簧压得越久它会跳得越高。市场的股价跌得越久，它出现的反弹力度也会越大。

投资市场中，总是牛市短于熊市。我的投资经验告诉我以下市场规律：

持有长达5年的股票大多会走出底部区域，迎来实质性的上涨。投资市场上流传着“股市没有4年平静”的说法，多年的投资实践也证实了最长的一次熊市也不会超过4年，大多数熊市只不过2~3年后会走出底部迎来一轮新的上涨行情。上一轮上涨行情涨幅越大，接下来的熊市持续时间就会越长。反之亦然。

投资市场上很多短期挣快钱的投资者，就是按照原始的本能在炒作股票，这种短期套现已经脱离了投资的本质。在市场追涨杀跌、高买低卖之间，也把人性的弱点展现得淋漓尽致，殊不知投资赚钱的方法如此简单，也就是选择几家优质的龙头白马股，而不是垃圾股中的黑马股。在股市连续大跌后买进长期持有，少则3~5年，多则10年以上更好，只要你坚持5~10年不卖出，丰厚的利润准能把你的腰包填满。

实际上，真正能够理解市场下跌是重大利好的人并不多见，而那些少数理性的投资者才能算得上是真正的集中投资长期持有者。对于那些只了解持股企业表面情况的投资人来说，要想获得与长期投资者同样的投资回报，简直就是在做黄粱美梦。

前面我一直在强调，投资者对标的企业的真实了解，是建立在认真分析、理性思考后的基础上，起码要确定企业在 10 年或 20 年内不会失去垄断竞争的优势，这样才能为投资者带来持续高的回报率。

只有全面了解投资公司的情况后，投资者才会做出理性投资。因为了解了企业的经营情况，就不会受到他人的干扰，更不会相信“小道消息”。

如何做到抱牢手中的优质股票不卖出，我把经验分享给大家。

只要选择长期获利高于平均水平的超级明星企业的股票，把自己的资金押在这几只股票上，远离市场不看盘，每 3 个月进入市场对投资的企业进行一次“体格检查”。

“体格检查”是从财报的财务数据开始：净资产收益率、毛利率、净利率、营业增长率、净利润增长率、应收账款、股东权益增长以及负债率等，还要对现金流量净额、每股现金流等以 5 到 10 年为一个阶段进行跟踪比较，就能清楚地看出投资公司在长期经营中出现的波折是如何影响股价的波动的。

鉴于股票市场的规律，我建议投资者学习心理学的行为模式，让自己的投资利润进入复利增长后，就有可能赚取丰厚的投资回报了。同时，还要学习统计学中的“概率”，让自己的投资组合达到优化配置，使得盈利最高的股票数量最多，盈利最少的股票数量相对较少。把 70% 以上的资金押在胜算率最高的两三只股票上，我现在持有的股票中，有三只我决定终身持有，将来留给子孙。

投资者在摸清股市涨必跌、跌必涨的规律后，可以选几只自己看好的股票，通过分析想要投资的公司近10年的股票K线图，以及公司的发展历史，对该公司的股票进行估值，买入后选几只有潜力的股票，把投资中70%的资金放进去长期持有，收益就是享受公司的分红，那么股市的大赢家就非你莫属了。

8. 耐住寂寞，控制情绪才能创造财富

对于投资者来说，股市充满诱惑，也布满陷阱，同时也充满了机会。当金钱以千百万或亿为单位在市场上交易时，是最能考验人性的。面对如此大的诱惑，要想取得投资成功，就必须多花时间修炼心态。唯有保持高度的自律，忍受拒绝贪婪的煎熬，做到以静制动，以不变应万变，才能守住属于自己的财富，实现财务自由。

股市低迷时，要耐住寂寞，特别是在股价大跳水时，控制好你的情绪，是创造财富的关键。

俗话说，和气生财，就是告诫我们不要跟别人发生冲突。在股市上，我们要学会心平气和地面对自己，才能保住自己的财富。

在我的投资生涯中，包括每一笔投资的具体目标，是否受到情绪的影响，我都会记下来。每个人都会受到情绪的干扰，成为情绪的牺牲品，恐惧与贪婪也会让我们每个人遭受损失，没有谁能例外。正是因为如此，才需要这些书面记录来提醒自己，坚持自己的投资目标。为自己的理想不停地加油打气，最终实现投资成功。

我在总结第一次获利的情况感受时，查询了 26 年来的投资史册：

第一次建立起自己的投资组合时，我把所购买的股票价格买在了高价

位还是低价位，或者是合理的价格，买了多少股，又是在什么时候卖出的，亏损多少，盈利多少，等等，都记得清清楚楚。

第二次建立的投资组合的情况也记得很详细。

除此之外，我还会把股票亏损、盈利时的心情记录下来，有时在书上看到让我觉得受益的关于投资的话，也会记在本子上。

我在持有贵州茅台期间，经历了多次的坎坷，但因为我相信当初选择茅台公司是经过认真分析的，认定了这个优秀企业是经得起市场风云的考验的，所以，我有足够的底气坚持下去。

从2010年到2023年的13年中，我只卖过少量股份。一直长期持有到2023年，13年翻了13倍。原始股只有4万多，现在是51万股。

在13年时间中，我持有的贵州茅台股票牛市多、熊市少，但是没有卖出，哪怕在2013年，这只股票从260元跌到110元，我仍然一股没卖。我是用自制力、自律、理性来克制自己的。所以，价值投资也是理性投资。

经过认真总结经验后，我才得出一个道理，当时买进时情绪冲动，不应该买得那么急，正确的做法应该是等到暴跌后买入。盲目买高就应该受到市场无情的打击，在遭受亏损后就会增添一次教训，使自己对于股价大跌产生好感而不是反感，这也是我在投资中成功的一大步。

记录这些的目的，是让自己警惕起来，不再犯类似的错误。每次碰到股市低迷、心情很糟糕时，我就拿出本子来看，并且把此时的心情记下来。虽然我用了各种方法来控制自己的情绪，但有时仍然因无法管控情绪而犯同样的错误。

股市是一个自由交易的投资市场，每一位股票投资者都会表现出自己的投资个性，有的喜欢以企业内在价值为导向的价值投资，有的喜欢集中投资长期持有，有的喜欢做成熟企业高分红的投资，等等。

在实际操作过程中，没有任何人限制与监督，也没有任何人管理与干预你的操作计划。我在长期持有优质公司的股票时，不会听信别人的错误判断迅速卖掉持股落荒而逃，无论身处何时都不会忽视自己的思考能力。在我看来，投资的成败很大一部分取决于自己的情绪是否稳定。

2009 年底，我在看到所持有的股票持续下跌时，心情颇受影响，冲动之下，一次性卖掉了持有 2 年的三一重工，亏掉了 10 万元。

几天后，我再次因为股市动荡，情急之下又截断了持有 3 年的海螺水泥，斩仓后的亏损额度达到 20 万元。

2010 年，我买进的洋河股份没有安全边际，持有时间达 3 年多，仍然处于亏损状态。不受情绪控制的我，一气之下又做出错误的抉择，在 2013 年 7 月 22 日下午，我清仓了最后的 2776 股，合计亏损额达到 71370 元。

股市中出现的“你不买它不跌，你一买它就跌。你不卖它不涨，你一卖它就涨”的怪现象，完美地在我这里得到了验证。

2016 年 1 月 15 日，我开始建仓华夏银行。在持有几个月后的 2016 年 7 月 7 日，我再次因为没有控制好情绪，一次性割掉并亏损了 13301.04 元。

我在错误的时间做出的错误抉择，让我在遭受经济损失的同时，心中对自己这种因情绪不稳做出的错误行为追悔莫及。在 20 多年的投资经历中，因为情绪失控而造成的损失远远不止这些。事实上，当时截断亏损，是我的情绪导致了投资失败，所以，要想取得投资的成功，管理好自己的情绪尤为重要。

“市场先生”对于人的情绪影响实在太大了。为此，我总结出应对“市场先生”的策略，在未进入市场之前的几天，把买卖计划纳入笔记本中，一旦进入市场后，任凭股市如何震荡，我都不会受其影响来改变原定的买卖计划。

巴菲特指出：“要实现一生的投资成功，你不需要具备极高的智商，深刻的商业洞察力，或者得到内幕消息。你真正需要的只是依据一个理性的知识框架来进行决策，并且具备防止自己的情绪侵蚀这个框架的能力。”在进入市场买卖股票的时候，要坚定不移地按照在场外拟定好的投资计划无条件地执行，这样就不会受到市场的严厉惩罚而造成严重损失。

前面我讲过，一个公司稳定的业绩增长会有丰厚的利润增长，应该选择财务稳健、业绩一流，以及在长期的经营中轻松赚钱的好公司。巴菲特强调：“你应该投资一些傻瓜都能经营好的公司，因为早晚有一天，它们会落入傻瓜的手中。”在现实的投资中，一旦找到连傻瓜都可以经营好的公司时，你在投资领域就成功了一半。与优质公司共同成长的过程中就好比弯腰捡钱，是如此轻松。

而一个情绪不稳定的人，是没有耐心花费如此多的时间去找这种公司的，他们只会跟随大多数人选择表面上“光鲜亮丽”的公司。

截至 2016 年，我坚持价值投资已经 6 年多了，但为什么这次我仍然做出了短期卖出的错误举动？很大一部分原因，就是我没有控制住情绪。

此后，我进行了深刻的反思，并把这次严重的投资失误的行为详细地记录在投资“字典”里，告诫自己绝不能再犯类似的错误。从 2016 年到现在，我再没有让情绪受市场波动而犯过类似的错误。随着我对价值投资的日趋成熟，相信以后再不会犯上面的错误。

目前，我的投资走上正轨，也能控制情绪了，平时不看书时，我会在网上看企业报表、企业年报等信息。由于这些信息是企业提供给政府的，所以是公开的，可信度高，能让我们了解投资公司的真实情况。

虽然价值投资并不是“死捂”长线，对于没有长期持续优势的股票，也可以短期套利，但短期套利一定要建立在长期投资框架内——这是我个人多年的投资心得，因为短期套利也是价值投资的一个项目。

长期持有优质公司的股票，必须耐得住寂寞，忍受痛苦与煎熬，这样才不会让情绪受市场波动和周围人的影响，赢得复利增长带来的丰厚利润。在认识到情绪对投资决策的影响后，我们可以用以下方法管理自己的情绪。如图 1-24 所示：

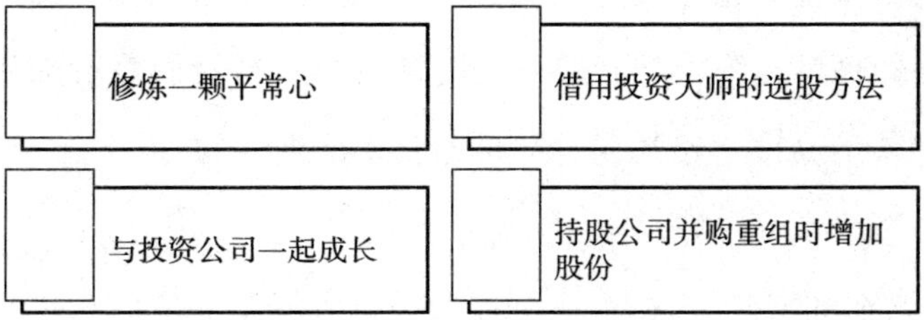

图 1-24　管理情绪的方法

（1）修炼一颗平常心

在价值投资市场上，只有长期持有优质公司的股票，才能赚取超出平均水平的回报率。但实践价值投资的人多，真正获得成功的人却少之又少，其中最重要的原因，就是忍受不了市场对自己心理素质的考验。2023 年杭州亚运会，乒乓球项目爆出冷门，世界排名第三的日本男团以 0∶3 惨败给伊朗队，而伊朗队世界排名 200 多名。出现这种以弱胜强的局面，就是因为双方队员的心理素质的比拼。日本男团想争世界第一的心情太迫切，在输一局时发挥开始失常，当他们输了两局时，心态崩塌，导致比赛出现反转。所以，心理素质在很大程度上决定着我们做事情是否成功。

股市的规律就是在大涨和大跌中不断转换，涨涨跌跌，或者大起大落，这种变化都是常事，必须理性看待。如果心理承受能力差，就会因心慌等不及而在所持股票持续下跌时绝望地卖掉持股，走向趋势投资或者短期投机。殊不知在远离价值投资的同时，也远离了获取超额收益的机会，在投资领域实属可惜。

（2）借用投资大师的选股方法

股市上凡是成功的投资者，都会选择适合自己长期持有或者永久性持有的股票。投资者之所以成功，就是在于借用投资大师们的严格选股方法，从中选出“超级明星公司”来投资，而不是由着自己的意愿来选择股票。这就需要我们寻找那些容易被了解的公司，假如一个公司的技术以及专业术语晦涩难懂或过于复杂，为投资者提供的财务数据里面隐藏猫腻，超过了自己的理解范围，最好的方法就是放弃。当我们对所选的股票有信心时，情绪就不会被“市场先生”的起伏不定所左右。

（3）与投资公司一起成长

“小不忍则乱大谋”，这是一个成功投资者必备的素质，也是一个人想要成就一番事业必须坚守的投资法则。我在与几家优秀公司一起成长的过程中，不断地学习，除了看投资大师的作品，我还会对投资公司的经营状况和竞争情况进行实地考察，对公司公开的数据认真分析与研究。

因为我心里清楚公司的优势和竞争力，自然胸有成竹，无视所持股票的跌涨趋势。所以，我才有足够的底气坚持十几年不卖一股，获得了 10 年增长 10 倍多的年增长率。

（4）持股公司并购重组时增加股份

在长期持有优质公司的股票时，难免会遇到产业结构的短暂变化，特别是在持股公司进行短期并购重组时，会导致公司的净利润收益下降，从而使公司股价大幅下跌。出现这种现象并非坏消息，聪明的投资者不但不会逃离，还会在这个时候把注意力放在投资公司上，对公司现在的情况做客观细致的了解、分析和研究，从中找到自己增加股份的大好机会。在公司产业发生变化的时候增加股票数量，使自己的投资组合里的股票数量逐渐增多。

第二章

价值投资优势，放长线钓“大鱼”

1. 长期持有股票，能减少摩擦成本

在2006年至2007年的牛市中，很多投资者都在践行价值投资，并自称要学习巴菲特投资理念，买入后长期持有。但在2008年的熊市之后，价值投资理念遭到了严峻的考验，几乎所有的价值投资者都放弃了这种投资方法，转入波段炒作，我也在5000点出局观望，因为已经没有低估的投资标的了。

之后的实践证明，价值投资理念虽然简单易懂，但内涵深远。如果你没有合适的性格和长期持股的定力，最终也是很难成功。正因如此，股票投资是所有投资品种中收益率最高的品种。但股票投资对于大多数投资者来说是痛苦大于欢乐，所以市场上流传着七亏二平一赚钱的说法，这个说法在短期内是无法改变的。

我们买了股票便成为上市公司的股东，股东的收益是要小于上市公司资产积累的。交易成本逐渐累积，必然会导致投资收益率的降低，总的增长率必定会低于上市公司的收益增长。

在交易大厅中，总是有几个能说会道的人，劝说投资者卖掉某只股票而买另一只股票。大家应该明白他们就是企图获取更多的手续费用，因为随着交易次数的增加，你的手续费也会跟着增加。

我们应该意识到交易的摩擦成本能减少股东的收益，使股东的未来收

益低于我们的预期增长水平。所以，如果你不准备持有一只股票10年，就会频繁地买进卖出而增加股票投资的摩擦成本，从而降低投资回报率。巴菲特说过："事实上，摩擦成本是存在的，这样导致股东获得的收益肯定要比公司的收益少。"

在投资之前，我们先要对自己的财务状况有个清晰的了解，再根据自己的具体情况决定投入本金的比例，只有这样投资者才能获得预定的投资回报。

我个人认为，长期投资追求的就是将交易成本最小化而使得投资收益率最大化。作为投资者必须清楚地知道，频繁交易只会让投资者负担巨大的交易佣金和费用，除此之外，没有任何好处。

巴菲特指出："成功投资者必备的一种素质就是，当手中持有的股票价格下跌时，只要公司仍然保持吸引他们第一次买下公司股票时的质量，就应该表现得镇定自如，因为价格上涨那只是时间的问题。"投资的经验告诉我们，只要自己所投资的公司运营正常，我们就不要轻易地将投资标的换来换去，这样才会使投资收益最大化。

为此我要举一个长期持有的鲜明事例，道琼斯指数从1899年12月31日的66点上涨到1999年12月31日的11497点，这100年间上涨了174倍。如图2-1所示：

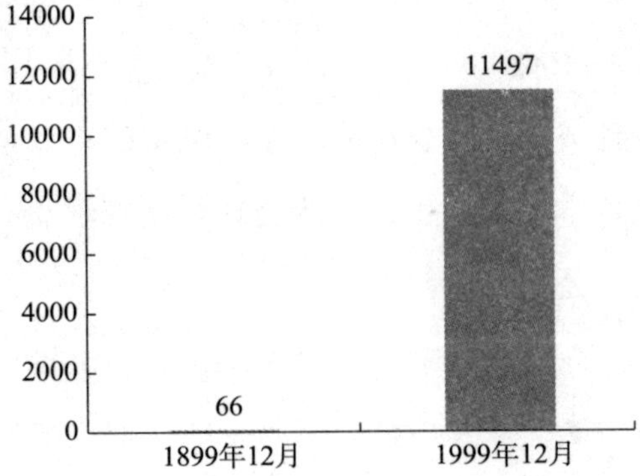

图2-1　道琼斯指数100年上涨174倍

从图 2-1 中可以看出，道琼斯指数的涨幅很大，其中最主要的原因就是 20 世纪美国的企业经营得很出色。真正聪明的投资者会借助企业繁荣昌盛的周期阶段，买几只好股票长期持有，就可以赚得盆满钵满。

然而，绝大多数的投资者都很难赚到如此大的投资回报率，这是怪不到别人的，只怪投资者自己奉行的短期抢进抢出，受到了摩擦成本的伤害，才在很大程度上减少了本该属于自己的投资回报。

在长期投资中，我早已发现，投资者应该得到的投资回报要和企业在这期间所能得到的投资收益率同步。

如果投资者 100%拥有这家企业，而该企业在这 10 年间的积累增长了 10 倍，这 10 倍资金积累毫无疑问都属于这位投资者。

但如果有 10000 名股东拥有该上市公司股票，这笔投资积累就应该是这 10000 名股东按持股比例进行分配的。可真正的现实是，这 10000 名股东中有人赚到了平均数值，有人却造成了亏损。

价值投资在漫长的熊市中很容易转变为短期投机，使得长期持有毁于一旦。

我在 2010 年再次实践价值投资的时候，从 3200 多点买进后一路跌个不停，3 年后跌到 1800 多点，账面亏损了 40%左右，让我受到沉重的打击。那段时间，我情绪低落，心里萌生出“一旦解套后再也不做价值投资了”的念头。最终我的理性占了上风，战胜了消极情绪，最终迎来了 2014 年的逆势反转，由亏损转为盈利。

从 2010 年第二次建立投资组合到 2020 年的 10 年间，复利增长达 25%以上，实现了 10 年 10 倍多的复合增长率。单独就贵州茅台而言，我也是从 2010 年 2 月开始买入的，经过一周后的建仓成本价是 202.31 元，第一年的分红是每股 2.30 元，除权后的成本是 200.01 元，经过 12 年的分红送股，现在的每股成本价是 6.13 元。直到 2023 年 2 月，股价涨到 1850.00

元，按照这个股价计算，贵州茅台已经增长了 301.79 倍。

2022 年 11 月底，董事会决定拟向全体股东每股派发现金红利 21.91 元，全体股东合计派发现金红利 275.23 亿元，这次的特别分红是贵州茅台上市以来的首次特别分红，也是贵州茅台第一次在一年内两次分红。这次分红后，贵州茅台的总分红达到了 547 亿元。

自从贵州茅台上市以来，已经分红了 22 次，加上这次的特别分红，贵州茅台累计分红的金额已经超过了净利润的 57%，也就是贵州茅台把超过一半的利润全部分给了股东。

巴菲特指出："如果你已经选择了一家优秀的企业，而且还要打算对其进行长期投资，那么你就要知道，无论此时的股价如何波动，最终你都会看到它的价格会向价值靠拢，面对如此不可辩驳的事实，你要去终点等候它的到来，而不需要陪它跑完全程。"

20 多年的投资经历，带给我的感触是价值投资指引我从"黑暗"走向了光明，是集中投资长期持有才使我从"地狱"走进天堂。由此可见，价值投资在中国市场很适用，也最容易成功。以下是我总结的经验，如图 2-2 所示：

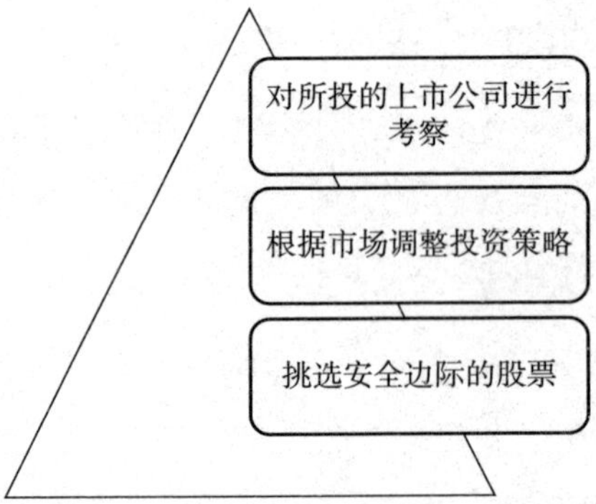

图 2-2　坚持长期持有的三点建议

（1）对所投的上市公司进行考察

价值投资是一种长期取胜的投资战略，在选择投资标的前，需要我们对上市公司的价值进行多方面的考察和分析，比如公司的财务报表、管理层结构，以及可持续盈利的点等，在心中对该公司有一个价值评分，最终寻找与把握其中的机会，来减少自己投资的盲目性，最大限度地降低投资的风险。

（2）根据市场调整投资策略

在践行价值投资的时候，务必根据市场的具体情况进行相应的调整，使自己的投资体现出应有的风格，不断摸索适合中国股票市场的价值投资策略。一定要谨记，不能盲目跟风，特别是在不了解市场行情的情况下买进卖出股票。

（3）挑选安全边际的股票

选择超级明星公司进行投资，长期分享它增长红利的目的就是避开追涨杀跌，减少买进卖出的交易费用，使自己的投资增长率最大化地持续下去，以达到复利增长的神奇效果。

投资者对长期持有为什么反感？因为长期持有某只股票，放在那里几年股价反而越来越低。实际上这并非长期投资出现的错误，而是没有用巴菲特的选股方法来选股，或是当初的买入价格太高导致脱离了格雷厄姆安全边际的买入原则，投资者若是买进了没有安全边际的股票，将会抵消这家公司将来 10 年的增长效应，那就无法再谈超出平均水平的报酬率了。

2. 选择优质公司股票，能持续战胜市场

在我的投资生涯初期，并没有认识到价值投资长期取胜的战略是建立在对上市公司价值进行估值分析基础上的。在寻找和把握机会减少投资中出现的盲目性时，也没有意识到应尽可能地避开投资风险。后来我才深深地感觉到在投资的过程中，自己付出的是价格，而得到的却是价值，也不需要考虑那些个股价格的周期以及市场上的股价波动。

在选择优质公司建立自己的投资组合时，市场周期不会影响我们选择股票。当市场处在高位时，你很难找到被市场低估的标的公司，因为大多数股票在这时价格都是偏高的；而当市场处在低迷的时候，我们选择的余地就会更多，因为这时大多数公司的价值被低估，我们的选择也会更大。所以说，价值投资是以高收益和低风险持续地战胜市场。

1934 年格雷厄姆出版的《证券分析》一书中提出价值投资以后，80 多年来证券市场不断地发展壮大，已经发生了翻天覆地的变化，价值投资在这么多年来是否有效？我很肯定地说，有效！我本人 10 年间复利增长 10 多倍的实例，就足以证明了价值投资是唯一能够持续战胜大盘的投资战略。我们来看图 2-3 这张复利成长图，会让你感受到财富增长的复利魔力。

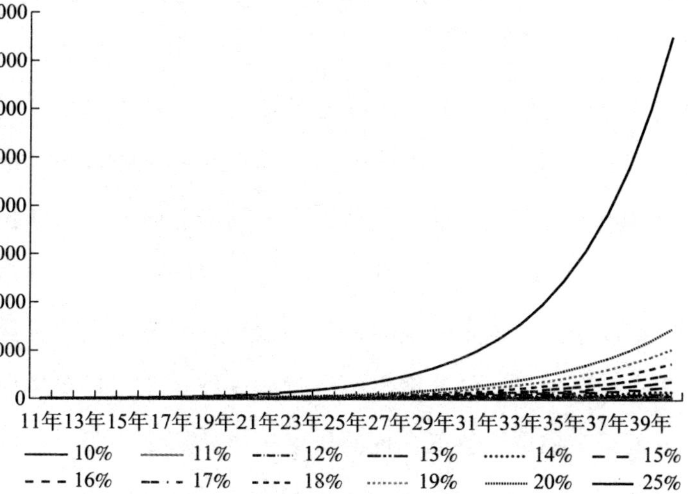

图 2-3　复利的惊人魅力

集中投资长期持有的实战也证明，只有基于安全边际的持股方式，才能够取得超出市场平均水平的投资业绩。而且这种超额收益并没有来自高风险，更能够证明长期持有优质企业的股票风险几乎等于零。

根据一些财务指标与股票的比率分析，投资于低市盈率、股价具有安全边际的股票时，能够取得超额的投资利润。这些财务指标不能直接表示安全边际的大小，但可以证明比率较低的公司股票相对比率较高的公司股票可能被低估，所以，相对而言具有更大的安全边际。

在买入价格上留有大一些的安全边际，不仅能降低预测失误所引起的风险，而且在预测基本正确的情况下，还可以降低买入的成本，在确保本金安全的前提下还能够获得稳定的投资回报。

我们买入投资公司的股票，事实上相当于买入了一家企业的部分股权。在买进股票之前首先要对这家上市公司的价值进行评估，这样才知道这家公司的价值是多少，才能用合理的价格买进具有安全边际的股票。

想要成功地投资，你不必知道有多大的投资市场、现代投资组合的理论，你只需要知道如何评估企业的内在价值，以及如何用具有安全边际的价格买入就可以了。这些投资的方式方法早已在我的投资理念中深深地扎了根。

价值投资是绝对能够避开风险的投资行为，是基于围绕价值这个轴心的股价在上下不停地波动，从而产生的低买高卖的投资行为。价值投资追求长远价值预期和价值的实现，分享资产长期增长而不是短期投机。巴菲特说："我们的投资组合持续保持集中，简单的风格，真正重要的投资概念通常可以用简单的话语来做说明。我们偏爱具有持续竞争优势并且德才兼备，以股东利益为导向的经理人所经营的优秀企业。只要他们确实拥有这些特质，而且我们也能够以合理的价格买进，那么投资出错的概率可以说是微乎其微。"

传统的价值投资主要针对潜力产业、热门行业的实业直接投资。

早在20世纪80年代初，商品经济开始活跃，直接投资消费品加工厂和发展贸易成为热点；90年代初期，国内住房体制改革，大多数人直接投资开发，带动了房地产的兴旺；在进入2000年后全球经济快速发展，形成了能源瓶颈，石油、天然气、煤炭、电力等能源产业成为投资的热点。

巴菲特说："投资者可以上网查询公司的动态，不要因为怕费事而忽略了此项工作的重要性。只要留心经营者的行为，做一个有心人，你就能把握公司的整体状况。在长期的观察中，你甚至能将蛛丝马迹串联起来，从中看到企业的经营本质，也会比别人更早获悉所有可能影响股价的信息。"

由此可见，真正可以持续战胜市场的价值投资不仅包括对实业的投资，还包括对相关资产的间接性投资，即对相关产业上市资产或上市公司的投资。由于长期以来人们对价值投资的漠视与误解，把上市资产的投资或股票市场投资也理解为高风险投资。一个成熟的股票市场的基石和内涵，就在于价值资产。

在我的投资实例中，持续战胜市场的原因主要是大胆地长期持有优质企业的股权，我们要坚定地相信优秀企业的价值，因为这些企业在未来几年甚至几十年里持续稳定的经营绩效，能为我们这些股东带来源源不断的超额回报。

回顾过去20多年的投资经历，我在选择优质企业的同时，更偏爱那些不太可能发生重大变化的产业的公司，我觉得这样的公司才是最好的。即使有些在竞争中迅速转变的产业，可能会给我们提供快速致富的机会，但我仍然把它排除在外了。

在我看来，价值投资追求的是一个“稳”字，优质企业的产业稳，经营才正常，我们持有股票的价值才会稳。

在投资生涯中我早已悟到：“在一块动荡不安的土地上，不太可能建造一座固若金汤的城堡。而企业在未来的经营中可以取得超额利润的主要原因，在于其能在自己的经营领域长期所向无敌，抑或是其企业领导具有无与伦比的优势，因此自然也成为企业中的王者，但大多数的公司并不能做到这些。”

在股市中，我们只有把失去竞争优势的公司逐步地踢出自己的投资组合，才能使优质的投资组合持续地战胜市场。我深知，只有在自己的能力圈内选择具有长期垄断的企业“霸主”，才能成为参与企业共同成长的忠实股东。不参与博弈，就没有止损与止盈。关注企业经营的生意，真正做到不参与追涨杀跌，而追求的是100%全赢。所以，只有了解投资对象的投资才是真正的投资。

3. 长线投资，可以避免追涨杀跌

巴菲特说："一段时间内，我会选择某一个行业，对其中 6~7 家的企业进行仔细研究。我不会听从任何关于这个行业的陈词滥调，我努力通过自己的独立思考来找出答案……比如，我挑选的是一家保险公司或一家纸业公司，我会让自己沉浸于想象中：如果我刚刚继承了这家公司，而且它将是我们家庭永远持有的唯一财产，那么，我将如何管理这家公司？我应该考虑哪些因素的影响？我需要担心什么？谁是我的竞争对手？谁是我的客户？我将走出办公室与客户谈话。我从这些谈话中会发现，这家公司与其他公司相比具有哪些优势与劣势。如果你进行了这样的分析，你可能会比管理层更深刻了解这家公司。"

由此来看，只有了解企业经营的投资，我们才能更牢固地抱住手中的股票。只有深入细致地分析和研究公司的竞争优劣，我们才能选到"皇冠上的珍珠"似的超级明星公司。

如果我们按照价值投资的严格标准来选股的话，选出的好标的已经不多了，手握现金的我们不到物有所值的时候不能轻易出手买进，你真有耐心等待机会的到来就能买到物有所值的投资标的。我们价值投资者就是要耐心等待所要投资的股票跌破内在价值的机会，这就是充分体现一个人有无耐心的时候，也是决定投资收益高与低的关键。

不难发现，每一个顶级投资大师都是情绪的控制者，保持投资行为的

理性，在恐惧的时候增强自己的勇气，做别人不敢做的事情。人是群体动物，对于贪婪与恐惧基本都是一致的，怎样能够克服这些人性的弱点，才是我们应该做的事情。

巴菲特对于中国的 A 股讲出了他的看法：“投资者要留意中国股市的急升，市场目前过热。人们应该考虑用什么价钱去购买，而不应该兴奋过度，因为每个国家的股市都有一天会走到极端，就像美国的高科技热潮。当很多人对股市趋之若鹜，报纸头版只刊载股市消息的时候就是应该冷静的时候了。”巴菲特生动地总结了投资者在贪婪时的极端现象。

在我的投资笔记里也记录着这样一段话：“在股票市场极度低迷的时候，白色恐怖使投资界对前景悲观失望的那段时间，投资的安全边际才会出现，正是因为如此，长期持有者才会在这个时候主动‘出击’。我一直认为价值投资长期持有优质公司的股票可以持续战胜市场，其中主要就是严格执行自己制定的操作纪律。因为从成功经验与失败教训中总结出的一系列操作计划，用在错综复杂的股票市场中是很有必要的。”

市场出现大幅暴跌和此起彼伏的“黑天鹅”事件，使全球投资者投资情绪有所下降，规避风险的意识升温。在这样变化急速难以预测的环境中，集中投资长期持有的投资者，必须有一个完美的操作计划。这个操作计划是对买卖时机的把握、套利的比例与持股时间等的掌控。你如果没有严格的投资纪律来约束自己，很有可能导致投资的失败。贪婪与恐惧这个投资的强敌是很难对付的，只有极少数人才能战胜这些人性的弱点。

特别是在投资的实战中，只有不成功的投资者才会忽视投资纪律的重要性。相反，真正的成功者会将自己的交易规则与操作计划当成投资取胜的头等原则来看待。

我在投资的过程中，早已清醒地认识到了，变来变去的投资组合没有什么价值，在集中投资长期持有时，所有的投资者都希望自己的投资组合能够快速地稳定增长，不幸的是有些投资者选择盲目地进行调仓换股，最终使自己投资组合的收益不增反降，为此付出了不必要的损失。而长期持有者能在不知不觉中受益于分红扩股的好处。

这是由于调仓换股的频繁操作、上涨下跌的影响而产生的心理变化与股价的波动同步，所以很多人追涨杀跌，将潜力大的股票清出投资组合。因此，我们应该尊重自己的首次选择，在长期的投资中，坚定地执行自己制订的投资铁律。

巴菲特指出："你必须将情绪纳入纪律之中，如果你遵从格雷厄姆所倡导的投资原则，你的投资将不会出现拙劣的结果。你的投资将取决于你在投资业绩上倾注的努力与智力，以及在你的投资生涯中股票市场所展现的愚蠢程度。市场的表现越是愚蠢，善于捕捉机会的投资者胜率就越大。如果遵循他的话去做，你就能够从别人的愚蠢行为中赚钱，否则你自己也会干出蠢事。"

为了在投资中避免干出愚蠢的事而让别人赚钱，长期投资者还要坚定地实行"三不主义"原则，如图 2-4 所示：

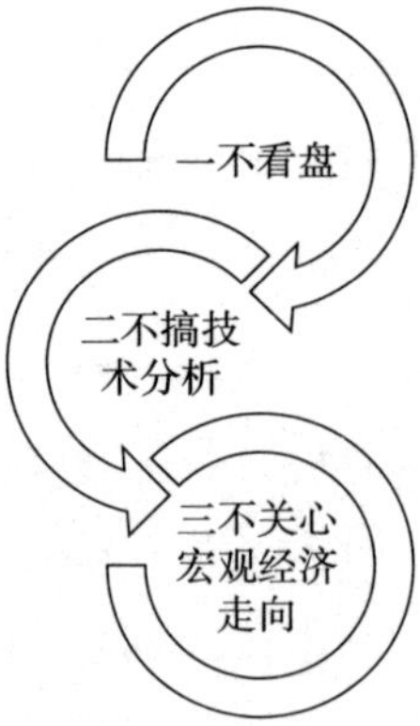

图 2-4　投资者要坚定实行"三不主义"原则

我经过长期实践证明，与"三不主义"相对的这三种行为对长期投资有害无益，直接影响投资者的持股心态，最终会导致长期持有转变为短期炒作，陷入追涨杀跌的泥潭不能自拔。

投资成功的最高境界就是获得复利增长。短期炒作梦想一夜暴富，到头来不是套牢就是割肉离场，最终导致投资失败。

我同一小区的退休工人老钱，也是一个资深的股民。有一次，我们聊股票的话题时，他感慨地说：“我们在做投资的时候，只要能做到涨而不喜，跌而不悲，以储蓄存款的心态来对待投资，保持平和的心态，就会减少投资中出现的不必要的损失了。”

我很认同他的话，在我们践行价值投资的过程中，也正是因为短期炒作会破坏长期持有的投资心态，才能显示出集中投资长期持有的操作计划是多么的重要。

股市中听得最多的话就是“后悔”二字，投资者谈起失误时嘴里不停地喊着“后悔”已是常态。在证券营业大厅里，我时常能看到一些人因为买进股票生气、卖出股票后悔而捶胸顿足的现象。在股票投资中是不相信眼泪的，只有振奋精神，认真总结经验教训，哪里跌倒哪里爬起来，才能在今后的投资上少犯错误、减少失误。

4. 长线投资，分红后成本价降低

大多数投资者由于习惯了随波逐流而忽视给自己的投资制订操作计划，最终导致投资失败。投资操作计划是价值投资取得成功的重要一环，一旦制订后不可轻易地改变。即使短期的套利和调仓换股也要建立在长期持有的框架内，这就要求我们坚守 3~5 年之后才能进行调仓换股或者是短期的套利。

只有远离市场才可以做到不看盘，不去关注短期的价格走势，放眼未来的公司业绩增长。短期炒作和新进场的股民朋友必须先用 10 年的时间来储备投资必要的知识，在这 10 年的时间里，应用理论与实践相结合来认真总结自己的投资经验，不断地纠正所犯的错误，来提升自己对投资的兴趣，迫使自己专注投资。

苏轼有一首诗：“横看成岭侧成峰，远近高低各不同。不识庐山真面目，只缘身在此山中。”这首诗提示我们，看风景要把眼光放远才能看清它的全貌，在投资中我们也要具备长远的战略眼光，绝不能被眼前的蝇头小利蒙住了双眼，整天泡在市场里追逐短期的利益而忽视长期持有所带来的超额复利增长。

在长期的投资生涯中，我总是对优质企业一年一度，或者是一年两度的高分红爱不释手。我认为，企业的分红对于长期持有该企业股票的人有三个好处，如图 2-5 所示：

图 2-5　企业分红对持股者的好处

（1）再次增持股份

企业将每股分红的现金直接分到我的投资组合中，让我的可用资金增加，又可以再次增持股份。

（2）摊薄投资成本

分红摊薄了我的成本，成本降低就让我的投资收益率提高了。

（3）增加分红

在股价除权日的当天，股票的开盘价就是除权后的股价，填权后的股价与除权当天的开盘价之间的差额（即每股的分红），仍然是自己所得。

稳定而又持续的分红对于价值投资来说就是在意料之外又加上了一道保险，这也是价值投资获取超额收益的另一份礼物。

2022 年 11 月 28 日，贵州茅台在每股分红 21.675 元的基础上，向全体股东每股派发 25.911 元的特别分红。

在两次分红的除权后，我的贵州茅台成本降到每股 6.13 元。而我 2010 年买进的贵州茅台的成本价是每股 202.1 元。我在长期持有的过程中，利用现金分红除权后的资金，逢低便增加持股，使自己的财富“雪球”越滚越大。

在这 12 年多的时间里，贵州茅台已经成功地穿越了牛市与熊市，在我的投资组合中增长了 301.79 倍，它也是我的投资组合中增长率最快的一只股票。这鲜明的事例有力地证明了集中投资的好处，长期持有的优越。

2010 年以优质企业建立起来的投资组合，是我在投资生涯中建立的第二次投资组合。

当时，出现了恒瑞医药公司在集合竞价落选仿制药的事情。二次议价，唯低价的政策频频出现，新药品推广速度缓慢和出口波动导致恒瑞医药的股价跌入了谷底。我现在持有的恒瑞成本价是5.69元，如今的股价是48.35元，仍然有849.74%的投资收益，也就是12年多的时间复利增长率为8.49倍。

在持有恒瑞医药的12年多的时间里，我始终把公司的竞争优势以及经营战略当成自己分析研究的头等大事：恒瑞医药一直以来都是以科技创新作为发展动力的，坚定地打造企业核心的竞争优势。恒瑞已在美国，中国上海、成都和连云港建立四个研究中心和一个临床医药部，拥有高层次专业技术人员1200多名，其中500多名博士、硕士及海归人员。

在招标压力下，恒瑞医药表示，近年来，公司先后承担了4项国家“836计划”重大科技专项项目，已有23个项目列入国家“重大新药创制”专项，12项国家火炬计划项目，7项国家星火计划项目。公司共申请了近200项专利，其中97项POT专利，有一个创新药艾瑞昔布已获批上市，2个创新药已申报生产，另有9个创新药处于不同的临床试验。

投资大师费雪说：“即使最出色的成长公司，也不能期望它每年的营业额都高于前一年。不应以年为基础判断营业额，而应以好几年为一个单位。有些公司不仅未来几年的成长可望高于正常水准，更长的时间内也可望如此。数十年来始终如一，不断有突出成长率的好公司。”

我坚信恒瑞医药会始终秉持“科技为本，创造健康生活”的理念，以建设中国人的跨国制药集团作为总体目标，拼搏进取，勇于创新，不断实现企业发展新跨越和新突破。我持有恒瑞的经验证实了，只有深入了解的公司，才会长期持有，在经营出现波动的情况下不会落荒而逃地卖掉持股。

在我的投资生涯初期，由于没有正确的投资观念，在市场中抢进抢出做短线，追涨杀跌挣快钱，忙活十几年的时间仍然两手空空，差点连老本都赔了进去，哪里能懂得集中投资长期持有优质企业股票能让投资者赚钱，更不知道长线投资，仅凭分红的收益就能不断降低成本，是非常安全有效的投资方式。我们切忌赚快钱，无数的投资事例证实了快就是慢，长期持有优秀公司的股票表面上看是慢，而实际上是快。

5. 集中投资，瞄准“超级明星企业”获益多

集中投资就是将资金投资在一种或少数几种股票上，而不像分散投资者买几十只或上百只股票，全面撒网式地投资，它是与分散投资相对的投资方法。很多投资大师的巨额财富来源于集中投资。集中投资就是把鸡蛋放在少数几只篮子里，用心地看护好那几只装满了鸡蛋的篮子。我第二次建立的投资组合就是把资金投资在少数几家“超级明星企业”的股票上。经过长时间的寻找后发现，真正表现特别优秀的超级明星公司的股票少之又少。

投资者要将资金投资在购买毛利率、营业增长率、净利润增长率以及净资产收益率（ROE）、现金流量净额逐年增高且稳定的，具有长期竞争优势的公司股票上。这样的公司对自己的产品拥有自主定价权，既能提高产品售价也不会影响销售量，甚至还有可能提高销售量。这也是我一直持有具有500年悠久历史的片仔癀公司的股票的原因。我对片仔癀的建仓很迟，原因就是它早期的财务数据不是很好，跟踪观察到财务数据符合选股标准后，股票价格已经一飞冲天了。

国内仅有的两个中药一级保护品种之一的片仔癀，也是唯一配方受国家“双绝密”保护的稀缺品种。天然麝香是它的核心原料，也受国家管制，短期供不应求是不可逆转的，公司通过自建养麝基地来增加麝香库

存，保障原材料稳定供应，满足未来发展的需求。它连续五年蝉联“肝胆用药第一品牌”，自身品牌价值极高，享有“中华老字号”的美誉。

据我所知，片仔癀系列产品疗效好、竞争优势强，未来能够稳步提升用药数量。片仔癀近10年来复合增长率达21.43%，其未来的增长逻辑是量价齐升，从升价方面来看，成本上涨是提价的被动因素。近年来的提价力度仍然没有抵消天然麝香、牛黄等原料价格涨幅，未来两年出厂价仍有10%~20%的上升空间。片仔癀渠道利润率长年维持在40%以上，为出厂价的提升留下了足够的空间。从量升方面来看，消费升级趋势下片仔癀高净值客户数量将持续增加。

肝病用药、保健、送礼三大强劲需求共同发力，有望推动销售量更高增长。在我的投资组合里，2020年7月卖出招商银行股票后买进了片仔癀公司的股票，由于买入时具有足够的安全边际，到2022年7月已有60%的投资收益率。长期持有具有垄断消费又有自主定价权的公司股票是可以高枕无忧的。在竞争激烈的A股市场中，众多的药企几乎没有几家既能够享有配方保密，又有宽阔护城河保护的优势的。

在选择长期持有的优质股票时，一定要将自己有限的资金集中在稀缺的投资标的上，这一点怎么强调都不为过。

刘元生在1988年以360万元拿下360万股的万科公司的股票，持有28年后其财富增值到27亿元，净赚749倍。

片仔癀公司的王富济从2009年第二季度出现在片仔癀的十大股东中，当时他持有2704万股，如今市值已达到80亿元。

我们在持有优质公司的股票时，要定期关注公司的经营及行业波动情况，优质的投资组合里除了两三只特优的可以永久性持股外，其他的几只也并不是要死守不放，当企业安全壁垒消失、产品同质化严重、净利润出现两个季度连续下滑时，就需要及时地减仓或套利。因为再好的公司也会遭遇“黑天鹅”事件，这就要考验你对投资公司深入了解的程度以及果断的分析能力了。减持与套利也应建立在长期持有的框架内，而不是像短期炒作那样稍有风吹草动便闻风而逃。

在我长期持有贵州茅台、片仔癀这样具有垄断优势的“皇冠上的珍珠”般的股票时，心里想的就是怎样用分红的资金来增加自己的股份，而不是遇到公司出现什么意外来减持或清仓。

2013 年初，当白酒塑化剂事件愈演愈烈时，白酒股票一跌再跌，贵州茅台股价更是暴跌。在如此的高压环境中我仍然没有减持一股，如果你把投资好公司当作自己经营的生意，那什么样的假消息都不会影响自己的持股信心。这是出于以下原因，如图 2-6 所示：

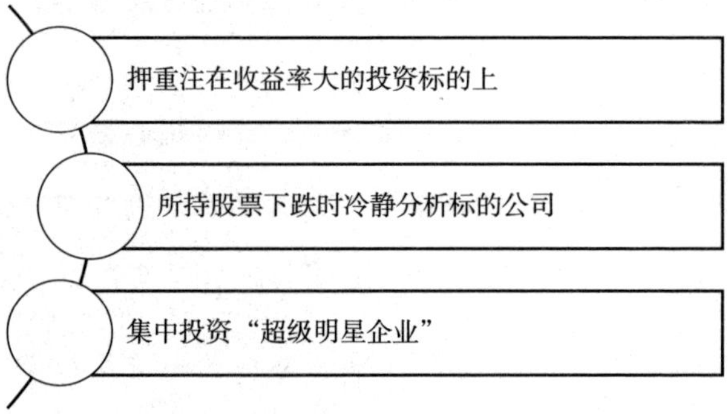

图 2-6　坚持集中投资的因素

（1）押重注在收益率大的投资标的上

我在选择的公司股票具有宽阔的“护城河”时，对贵州茅台、片仔癀公司股票的资金配置就不能按照常规的方法了。我对贵州茅台的资金用量占 40%，在胜算率大的投资标的上押重注我是做到了。片仔癀的分布资金占 30%，其他如迈瑞医疗、恒瑞医药、爱尔眼科、欧普康视这几只股票的资金分配难以达到 25%。正是因为这样的标的分配，才使我获利颇丰。

（2）所持股票下跌时冷静分析标的公司

成功的投资者在持有的优质公司股票出现大幅度下跌时，要认真分析一下标的公司是否仍然能保持你第一次买进时的吸引力，如果依然能保持，我们就应该镇定自若，稳如泰山。如果你手里的资金充裕，可以趁机抄底；如果没有资金就远离市场不去理会。股价下跌但股数不会因此减少，上涨只是时间问题。所以，鉴定一个投资者是不是符合长期持有的标准，能忍受股票的大跌是其中的重要一条。

（3）集中投资“超级明星企业”

长期的投资经验告诉我们，唯有集中投资才会获得高额收益。你把辛苦赚来的有限资金分散在价值一般的股票上，不如把钱集中在排名前三的“超级明星企业”上。在投资领域只有紧跟着“王者”，才能使自己蜕变。我第二次建立投资组合时买入了贵州茅台股票，在持有十二年半的时间里没有卖过一股，获得了丰厚的投资收益。由于买入时有足够的安全边际，投资的风险就是零。

6. 方向清晰，专注于熟悉的领域

在我的投资组合里的几家公司股票，随便换掉某一只股票都是不可能的。由价值投资转变为短期投机的原因之一就是，投资者买入了自己一无所知的公司股票。股票市场的消息满天飞，尤其是对投资标的公司的模棱两可的消息或利空并未经本人证实的消息，会使人心神不宁地卖出持股，由长期持有转变为短期炒作，无法取得超额的投资收益。这样的事例在投资市场中最常见，究其原因就是没有投资自己所熟悉的公司。

查理·芒格说："我们没有涉及科技产业，是因为我们缺乏涉及这个领域的能力。传统行业股票是我们的优势，我们了解它，熟悉它。而对于其他行业的股票，我们是门外汉，是不了解的。我们宁愿与那些了解的公司打交道，我们为什么要在那些我们不了解而且没有丝毫优势的领域与人竞争，而不是在我们擅长的领域全力以赴呢?"投资大师对于不熟悉的领域是不去投资的，我们普通投资者就更没有这方面的优势了。我们应该清楚自己的能力范围，能力范围的大小不是很重要，重要的是知道它的边际在什么地方。

我们每个人的能力是有限的。以我的能力只能对少数几家公司有充分的把握，多了就超出自己的能力范围了。在我的投资字典里永远不做自己搞不懂的事情。我也认为传统的行业易于了解。

在我所住的小区里，有很多人热衷于买股票，却有一批投资人专注于投资科技股，由于他们对这个领域不是太懂，所以，投资收益忽高忽低，长期处于不稳定的状态，更是有人亏损严重。

其中有位叫赵莉的短线客，她专门投资新发行的科技类公司的股票。

事后才得知，她对所投资的科技公司从来不去了解，买了该公司的股票后，每天在电脑上关注所持股票行情，涨了就卖出。虽然偶尔会赚些利润，但算总账时，还是严重亏损，甚至把十几年赚的钱都赔了进去，大约赔了30多万元。

《孙子兵法》中说：“知己知彼，百战不殆。”股市如战场，我们在投资之前，很有必要做到“知己知彼”，除了先做足买进目标股的功课之外，还要了解该公司是否属于行业龙头，或是这个公司在十年的时间里是否有稳定明确的快速增长预期，该公司是否具备行业独特的优势，也就是有其他公司没有办法复制的资源与垄断的优势。在财务数据上，公司的毛利率要高于40%，净资产收益率要稳定在20%~40%，净利润的增长每年保持在20%以上。

在投资之前用优质公司的财务标准严格地把好选股这道关，对标的公司要付出应有的时间和精力来深入了解，这也是我们集中投资长期持有优秀企业更容易成功的秘诀。长期持有并不是出于盲目无知，相反是对投资标的的深度了解和对该公司未来的复利增长、超额收益充满信心。

我认为，如果自己对投资的标的公司有更深入的了解，就不会因为短期的利益而动心，而忘记了我们是为了享受超额收益的价值投资者。在市场上流传着什么“见好就收”“获利了结”，以及“盈利了就不会破产”等说法，你可以看到，见好就收的投资者大多亏损累累，获利了结的投资者并未盈利，更有一小部分常喊“盈利了就不会破产”的投资者真的就破产了。

前面我讲过，股票投资成功的秘诀只有一条：选好股、做长线。而选好股、做长线的前提，就是要非常清楚地知道自己所投资公司的情况。

在投资实践中，假如你在三分钟之内说不清楚你投资的公司经营的产品与销售数额的话，你就很难把这家公司的股票持有三年以上，在这期间一有风吹草动你就会仓皇出逃。

我第二次买入爱尔眼科是2013年2月，现在的成本价是4.2元，股价是40.10元，持有近10年的时间已经达到了9.5倍的复合增长率。

爱尔眼科董事长陈邦表示："2022年是爱尔眼科成立的20周年，是非常特殊的一个年份。过去20年，公司成功占得了市场先机，但在高速发展之中有不少做得不够的地方。今年，将会是公司从做大到做强的一个时间点，管理层将以做好规划、逐步落实、稳扎稳打、'行稳至远'的原则，不断强化公司的质量、技术水平和管理体系，为'百年爱尔'的远景打下坚实的基础。"

爱尔管理层表示：公司的管理团队具有多年眼科医疗从业经验，对行业的特点有着深刻的了解，对行业的发展现状和动态有着准确的把握。公司优良的业绩证明了其拥有一支优秀的管理团队。在连锁管理上，重大事项由公司总部在充分民主的基础上统一决策，日常经营工作按照公司的统一规范由连锁医院开展。公司通过强化管理分工，明确管理责任，有效地提升整体管理水平和连锁医院的运营效率。

巴菲特说："经营盈利能力最好的企业，经常是那些现在的经营方式与5年前甚至10年前几乎完全相同的企业。当然管理层绝不能过于自满。企业总是不断有机会进一步改善服务、产品、生产技术等，这些机会自然要好好把握。但是，一家企业如果经常发生重大变化，就可能会导致重大投资决策失误。"

由此可见，公司的管理特点具体表现在管理人才与技术人才的有机结合上。目前国内绝大多数医院的院长由医学专家担任，这些院长在医学方面是专家，但在医院的经营管理方面通常缺乏专门的知识和经验，同时还要兼顾到本专业的业务工作，精力难免分散，不利于医院经营管理水平的提升。爱尔公司各级连锁医院均实行 CEO 负责制，医院 CEO 由专业的经营管理人才担任，有效促进了医院经营管理的专业化。

投资自己所熟悉的领域，才能心安理得地长期持有自己心仪的股票，不会在恐惧中迷失方向。巴菲特说：“如果人们关注的不是企业的经营情况，而是被某些肤浅的苗头吸引到一场投资中去的话，他们有可能在刚一看到某些不对的苗头时就被吓跑了。”

所以，我们在选择投资公司的时候要花足够的时间去了解投资的对象，只有了解了投资公司方方面面的情况，才能抱牢手中的持股与企业共同成长，分享企业长期发展的红利。

7. 否极泰来，股市里的“坏消息”恰是价值投资者的好消息

一般来说，投资者对企业进行评估的一个相当重要的因素就是内在价值。掌握了企业的内在价值，你就可以制订出围绕内在价值上下波动买入和卖出的股票价格，在低于内在价值时买入，在高于内在价值时卖出。

格雷厄姆指出：“股票的内在价值和市场价格之间的差距总是成为那些股票分析师们所关注的焦点，但是他们又不得不承认，人们对股票的价值进行评估时，似乎总是会掺杂进众多的人为因素，而这些因素往往成为影响股价波动的重要因素，由此看来，要想对股票价值进行准确的评估，其实是很难做到的。”

股票之所以会出现不合逻辑的价格，主要是由贪婪与恐惧造成的。极度乐观贪婪会使股票价格高于其内在价值，从而形成被高估的现象；极度悲观恐惧又会使股票价格低于内在价值，从而又形成了被低估的市场。市场是理性与感性的混合体，它是时常会出错的。我们既然懂得股价围绕企业内在价值波动的原理，就应当在价格远远低于内在价值时，再买进具有安全边际的股票；等待市场纠正错误的时候，再减仓或卖出被远远高估的股票。

当我们持有的股票有了一定的安全边际时，我们的持股就能得到保护，因为你买进的价格很低。比如：

假如你以20元的价格买进了价值60元的股票，你的安全边际就是200%，即使买入后市场表现不好，你也能小赚不赔钱，因为安全边际为你的股价增加了一道保险。

格雷厄姆所著的《智力投资者》一书中强调：“那些便宜货的买家非常强调投资承受不利变化的能力……如果这些被低估的股票是以较低的价格买进的，那么即使是经历盈利的一次中等程度的减少，投资也能表现出令人较多满意的结果。这样安全边际就达到目的了。”

2016年7月，国外出现希腊债务危机的时候，国内股票市场担心危机会波及全球的经济，在股民一片恐慌的情绪下，导致股价一跌再跌，大盘指数在3000点的下方时，我果断地决定买入，随即以41.65元加仓买入了恒瑞医药9000股。

经过一段时间后，我才发现买在了黄金坑内，说明我的投资决策是正确的。这个事例也验证了：“坏消息”才是价值投资的好朋友。

在投资的过程中我一直认为，在判断价格与价值的关系时，不可忽略两者之间的联系，因为价格始终以价值为中心轴波动；但也要看到它们之间的差距，不能被股价的波动所迷惑，忽略内在价值的存在，最终高价买入股票。集中投资长期持有的投资策略改变了我们的思维模式，我们总是盼望着“坏消息”的到来，因为这意味着廉价购买好企业的时机到了。

很多人在进入股市初期，最容易出现由价值投资转变为短期投机或趋势炒作的投资者，究其原因，他们忽略了价格围绕价值波动的规律。投资股票就必须有耐心等待价格围绕价值波动的买卖点的到来。当股价远远低于内在价值的时候买进，当股价高于内在价值的时候减仓或卖出。

巴菲特说：“我们追求威廉姆斯的精确。在《击球的科学》这部书中，他把击球区分为77个小格子，每个格子都是一只棒球那样大小。只有当来球处于最佳格子时，他才挥棒，就可能击出400的优绩；如果勉强去

‘够’飞向最差的格子——击球区外缘低端区的来球，他就只能击出230的成绩。换句话说，善于等待最‘舒服’的来球，就会最终走向‘名人堂’；如果不加选择地挥棒击球，他就会掉入小联盟去厮混。”

我们在学习威廉姆斯击球的方法时，更应该准确地把握股价围绕企业内在价值波动的规律，避免买得太早或者卖得太晚的现象出现。在买进或卖出股票之前，先在市场外规划好你的买卖计划，进入市场后就不要随意改变，因为“市场先生”的影响力实在是太大了。

在投资市场中，一直存在着涨多了就跌、跌多了就涨的规律。掌握了股票市场的这个规律，就要在长期持股过程中，利用股市涨跌的机会不断地增持自己的股份。

我长期持有的优质股票买得多卖得少，有的时候甚至几年也不卖出一股。相反，每年的分红送股使我的投资组合逐渐壮大了起来，其中主要原因是送股，其次就是分红派现，最后是增持的股份。

按照投资哲学的观点，买得多、卖得少，甚至几年也不卖一股的我，当然喜欢市场的下跌了，只有下跌才能使我以低廉的价格增持股份。

在投资市场中总是上演着股价的上涨与下跌。当买进股票的人多于卖出股票的人时，说明股票供不应求，股价就会上涨；相反，当卖出股票的人多于买进股票的人时，也就说明了股票供大于求，股价就会下跌。在股票连续下跌、市场的卖盘消耗殆尽到达一个临界点的时候，也就是跌无可跌的时候，强劲的反转就到来了。

我在长时间的观察中发现，以月K线、季K线，以及半年线为例，股价的低点总是逐步地抬高的。

事实也证明了做多的投资者总比做空的投资者成功的比例要大一些，投资市场的股票价格围绕着上市公司的内在价值上下波动，就像左右不停摆动的钟摆，钟摆的幅度越大它就会跳得越高。市场的股价跌得越久，它出现的反弹力度也会越大。

在我们的投资市场中，牛市总是短于熊市。投资的经验告诉我们：长达 5 年的持有大多可以走出底部区域而迎来实质性的上涨。投资市场上“股市没有四年的平静”的说法就是这个道理。

我长期的投资实践充分地证实了，最长的熊市也不会长过四年，大多数熊市是在 2~3 年后就走出底部迎来新一轮的上涨行情。上一轮上涨行情的涨幅越大，接下来的熊市持续的时间也就会越长。反之亦然。

股市下跌时要入手的股票如图 2-7 所示：

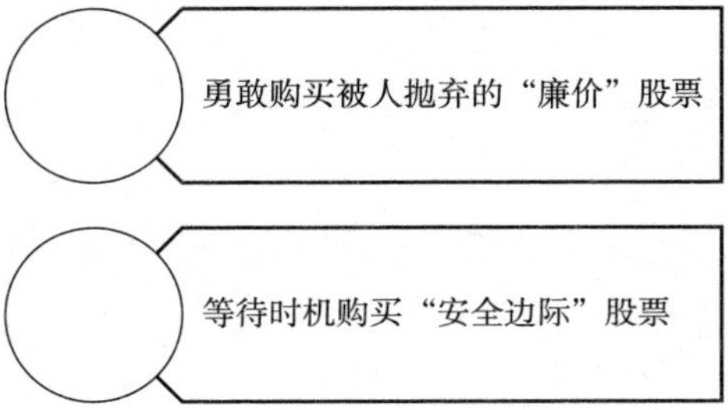

图 2-7　股市下跌时要入手的股票

（1）勇敢购买被人抛弃的“廉价”股票

等到市场大跌之后，利用市场下跌后的时机买入才是长期投资取胜的法宝，绝不能像短期投资者那样追涨杀跌，跟风买入。当别人对股票不感兴趣的时候，你要对股票感兴趣；在经济前景黯淡，几乎所有的投资者都被悲观的市场吓住的时候，你就要有“众人皆醉我独醒”的勇气，买入廉价的股票。为了给自己壮胆，你要告诉自己：“别人贪婪我恐惧，别人恐惧我贪婪，现在该我贪婪的时候了。”

（2）等待时机购买“安全边际”股票

要想低价位买入自己心仪的股票，就得学会等待时机。在等待的过程中，不仅需要战略眼光，更需要对投资公司赚取超额利润的坚定信心。特别是在买入具有安全边际的公司股票时，花时间等待是值得的。

巴菲特说："我们的股票投资策略持续有效的前提是，我们可以以具有吸引力的价格买到有吸引力的股票。对投资人来说，买入一家优秀公司的股票时支付过高的价格，将抵消这家绩优企业未来10年所创造的价值。"所谓的"有吸引力"，指的就是股票的"安全边际"，如果买入股票的价格不留有足够的安全边际，就有可能深受套牢之苦，还会减少这家优秀企业对投资者的利润，最终使自己的投资组合业绩平淡，更谈不上超额的投资收益了。

8. 坚持长期投资，能带来复利增长

我在第二次建立投资组合的十几年中坚持长期持有，确实让身边的投资者感到固执己见，因为我早已感受到了复利增长的神奇效应。所谓的复利增长，就是利滚利、驴打滚。

古印度流传着这样一个故事：传说印度的舍罕国王与达依尔这位聪明的棋手下棋。达依尔跪在国王面前勇敢地说："陛下，请您在这张棋盘的第一个小格子里摆上一粒麦子，在第二个小格子里摆上两粒，在第三个小格子里摆上四粒，在第四个小格子里摆上八粒，照这样，每一个小格子里的麦子都比前一个小格子加上一倍。陛下把这样摆满棋盘上所有64个小格子里的麦粒都赏给您的仆人我吧!"

国王回答说："你的这个要求并不高，我会如愿以偿赏给你的。"说着，他下令把一袋麦子拿到自己的宝座前，开始认真地摆了起来，还没摆完第二十个格子，第一袋的麦子已经用完了，接着又打开第二袋、第三袋、第四袋……这时国王才恍然大悟地认输了。根据当时的计算，即使拿出印度全国粮仓里的麦子，也不可能把这64个小格子摆满。

从上面这个故事中，我们可以看到复利增长的神奇。再举一个例子，假如以10万元初始资金投资，每年以20%的收益率进行计算，我们来看看它的盈利情况，如表2-1所示：

表 2-1　10 万元资金每年以 20%的收益率计算的盈利情况

年	资金额（万元）	累计收益率（%）
1	12	0.2
2	14.4	0.44
3	17.28	0.728
4	20.73	1.07
5	24.88	1.488
6	29.8	1.98
7	35.83	2.58
8	42.99	3.29
9	51.99	4.15
10	61.9	5.19
11	74.3	6.43
12	89.16	7.91
13	106.99	9.69
14	123.39	11.8
15	154	14.4
16	184.8	17.48

如果用图来显示，会有更明显的差别。如图 2-8 所示：

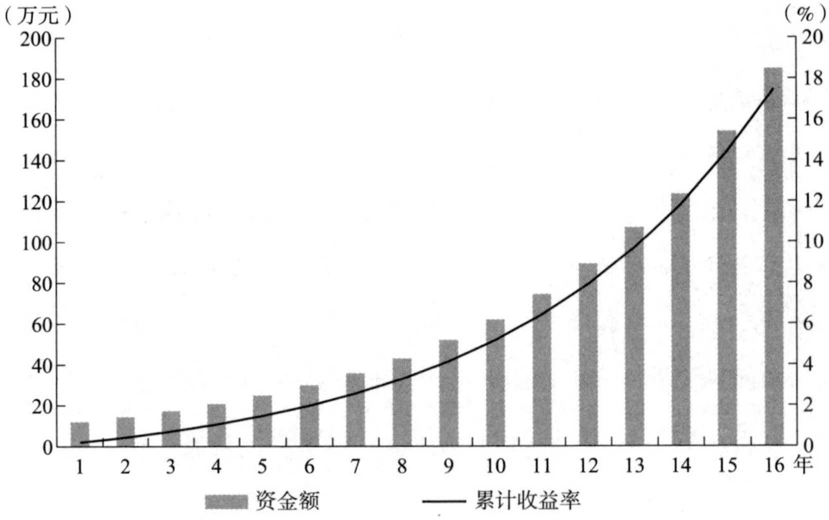

图 2-8　10 万元资金每年以 20%的收益率计算的盈利情况

表 2-2 所显示的是 10 万元分别在 10 年、20 年和 30 年期间，以 5%、10%、15%及 20%的收益率，在不考虑税负循环复利累进的情况下，该笔钱循环复利所能累进的价值。

表 2-2　10 万元循环复利的累进价值

收益率	5%	10%	15%	20%
累进价值（元）10 年	162889	259374	404555	619173
累进价值（元）20 年	256329	672749	1636653	3833759
累进价值（元）30 年	432194	1744940	6621177	23737631

由表 2-2 可以看出，仅仅是 5%和 10%的差异，对投资者的整体获益就会有惊人的影响。你的 10 万元，以每年 10%的获利率经用免税的复利累进计算，10 年后将会价值 259374 元；若将获利率提高到 20%，10 万元在 10 年后将增加到 619173 元，20 年后则变成 3833759 元。10 万元以免税的年获利率 20%累进计算，持续 30 年，其价值会增长到 23737631 元，这是一个相当可观的数字。如果用图来表现，效果更为明显，如图 2-9 所示：

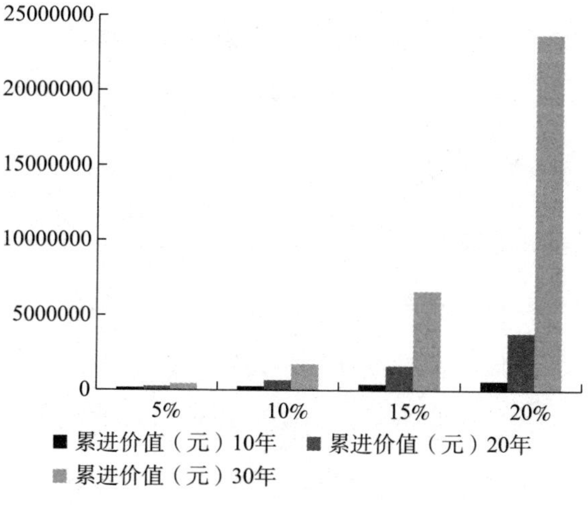

图 2-9　10 万元循环复利的累进价值

我在1996年进入股票市场的时候就已经懂得做长线投资的重要性，不持一只股票10年就失去了投资的意义。当初的营业大厅和大户室里人满为患，再坚定的投资理念都会受到不同程度的影响，相比之下我受的影响最大，只知道长期持有能够赚钱，但没有坚定的持股定力，曾经因受其影响做起了短期投机，追涨杀跌，盲目跟风，为的就是短期见效赚快钱。

杂乱无序的投资方法，没有规律可循的短期炒作，会让投资者盲目跟进。我亲眼看到过有以下几种投资者频频出现在股票市场上。

有人是以一年或半年为周期调仓换股，有人是以一个季度为周期持股，有人是以一个月为周期来衡量收益，还有人是以10天或一个星期来鉴定输赢，更有甚者有人每天都在买进卖出做着T+0，抓涨停板。

在这样“群居”的环境中，每天都有三五成群的人围在一起，彼此谈论着近期输赢的投资经历，津津乐道自己是如何“赢”的，没过几天再懊恼地讲着自己“输”时的糟糕心情。这种重复的“输赢”经历，在很多做短期投资的人身上轮流上演，令他们不停地抱怨，但就是不改变“短期赚快钱”的投资方式。

在当时的环境里，绝大部分的人都采用股票价格的上涨或下跌的幅度作为判断持有与卖出的标准，最喜欢的是跌多就买、涨多就卖的短期投机，殊不知这是投资赚钱的大忌。

从投资的角度来观察，短期炒作不仅无法获得应有的投资回报，更无法获得超额的投资收益。正确的投资理念在当时“羊群效应”的干扰下是无法进行下去的，难怪巴菲特远离华尔街定居在他的老家奥马哈。

巴菲特说过：“当经理们想要向你解释清楚企业的实际情况时，可以通过会计报表的规定来进行。如果你不能辨认出其中的玄机，你就不必在投资行业中干了。”价值投资应做的功课就是研究财务报表，按照财务数据分析自己想要了解的企业实际情况，找出质地优良的好公司。

价值投资的优势，就在于长期持有优质企业的股票所带来的超额收益，这种超额收益就是长期持有造成的复利增长。查理·芒格说过：“如果既能理解复利的威力，又能理解获得复利的艰难，就等于抓住了理解许多事情的精髓。”长期持有具有持续竞争优势的超级明星公司的股票，与它共同成长，分享公司的价值增长，在股价上涨的同时，最终形成的复利效果，会为投资者带来财富的爆发性增长。现在提供一些可操作的方法，如图 2-10 所示：

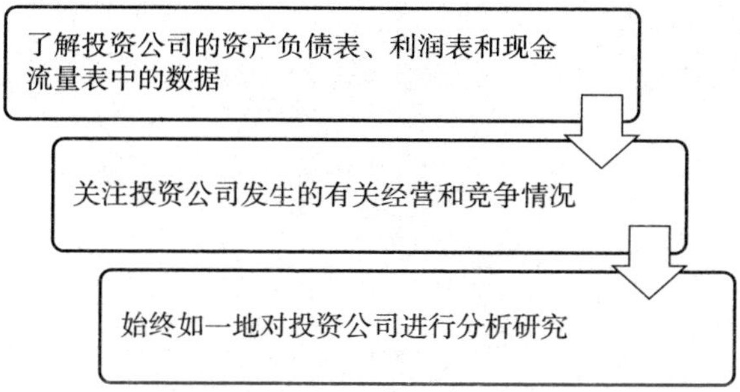

图 2-10　三个方面了解投资公司

（1）了解投资公司的资产负债表、利润表和现金流量表中的数据

投资者不必精通财务报表的每一个细节，因为公司财务报表不仅为投资者提供投资所需要的信息，它还为政府、工商、税务以及举债人等单位、机关以及个人提供信息。投资者只要精通资产负债表、利润表以及现金流量表里的几个有关投资的重要数据就足够了。

（2）关注投资公司发生的有关经营和竞争情况

一个聪明的投资者在阅读上市公司的财务报表时，如果遇到看不懂的地方，就应该提高警惕，引起怀疑：是不是该公司刻意掩盖什么见不得人的信息，有意识地不让投资者知道公司所发生的事情？

我在阅读报表附注的时候，会更加注重公司所发生的有关经营和竞争中的各个方面，只有细心的投资者，才能在财务报表的众多数据中挖掘出影响公司经营、竞争大局的不公开的奥秘。

（3）始终如一地对投资公司进行分析研究

在长期的投资实践中，我一直矢志不渝地像老板一样地审视投资公司的多方面情况。原因就在于我清楚地认识到投资的不是股票本身，而是购买投资公司的一小部分股权。正因为有这样的认知，我才能在未投资之前就花上足够多的时间，来深入细致地对标的公司进行分析研究，我们持有这家公司的股票时，也就意味着是这家公司的主人，有望在与这家公司共同成长的时候分享公司的增长红利。这就是价值投资者的优势所在。

第三章

买股票，就是买入优秀企业股份

1. 选择优质企业，进行大量投资

在我的投资经验总结中，对于标的公司各方面的财务数据，以及相关的研究资料，总是认真地分析研究及仔细地揣摩，花足够多的时间不厌其烦地找出自己理想的投资对象并长期持有，将它们记在笔记本上。

在选股前，我是从以下两步来做的。如图 3-1 所示：

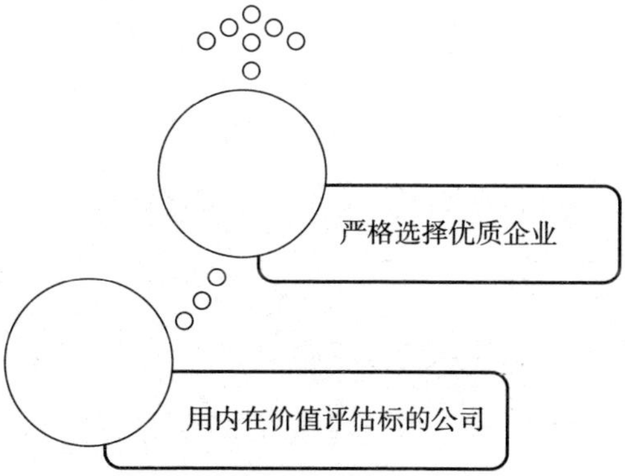

图 3-1　选股的两个步骤

第一步，严格选择优质企业。

早在 20 多年前，我就开始用这一种拉网式的方式寻找投资公司，只不过那时没有学习巴菲特的投资理念，选择投资公司也不像现在严格认真，所以，投资的成功与否，选择优质企业是最重要的一步。

第二步，用内在价值评估标的公司。

投资中的第二步，就是以合理的价格买入具有安全边际的投资公司的股票。我对公司的内在价值评估是看标的公司5~10年的价格走势，然后选择日K线的最低点作为买点来买进具有安全边际的股票。因为无论是日K线、周K线、月K线，还是季K线，它们的底部区域都是逐步抬高的。用这个规律买入价值被低估的投资标的，尤其在近十几年来几乎没有失误过。

集中投资的正确做法，就是把大量的资金投入自己深入了解过的公司，因为对公司的经营和持久的竞争优势深信不疑，所以才有信心长期持有该公司的股票。

有的投资者将资金分散在他们一无所知，或者所知有限的公司上，认为这样就能降低风险，其实，这样的方法会使你的投资收益降低，因为优质公司在市场中少之又少，你不可能将资金均匀分布在所有的优质公司中。在你持有10只以上不同的公司股票时，你对那些公司的经营状况、竞争优势等了解得就会不足，很难最终获得超额收益。

巴菲特说："我的财富来自我深信不疑的投资方式，那就是把大量的资金投入到那些我所了解的并且优秀的企业中去。这让我受益匪浅。而对于大多数投资者来说，把大量资金分散投资在众多不同的股票上，不但不能像他们所设想的那样避免风险，反而会使他们经常面临亏损的威胁。"

我在长期的投资观察中明显地发现，有形资产在价值创造中的作用越小，公司的声誉、技术方面的作用也就越大，超出平均水平的回报也就越高，公司经济商誉也就会更大。说得直接一点，既有长期垄断优势，又有自主定价权的公司，即使经营的产品在市场供不应求的时候出现价格上涨，也不会因此失去购买的顾客。比如，我购买的贵州茅台与片仔癀的公司，就是属于有形资产在价值创造中的作用很小，而公司的声誉、技术方面的作用却很大，投资这样的公司获得超出平均水平的回报也是必然的。

在我们选择超级明星企业投资，长期持有它们的股票时，时间就站在了我们这一边，成了真实的“好朋友”。

投资者在投资的过程中，还要把大部分精力用在投资公司的分析研究上，而不是用在盯着股价的涨跌上。股价的涨跌只是为我们提供买进卖出的参考，企业的经营绩效才是投资者赚钱的根本。

假如你选择了“皇冠上的珍珠”企业来投资，就没有必要担心宏观经济的走势，因为这些企业以它们超强的经营能力、具有地域垄断的先天性优势，在激烈的市场竞争中将对手击败，有足够的实力为股东们赚取高额的投资回报。

投资者在投资的过程中，要不断地对投资标的公司进行认真的分析研究，你了解的程度越深，你的投资理念就会越合理，对于股价的上下波动，看得就越清晰。懂得股价围绕价值波动的规律，你的投资安全性自然也就提高了。所以，在长期持有优秀公司并与它共同成长的过程中，最好是把自己当成公司的经营者，而不是证券分析师。图 3-2 是优质公司的特点：

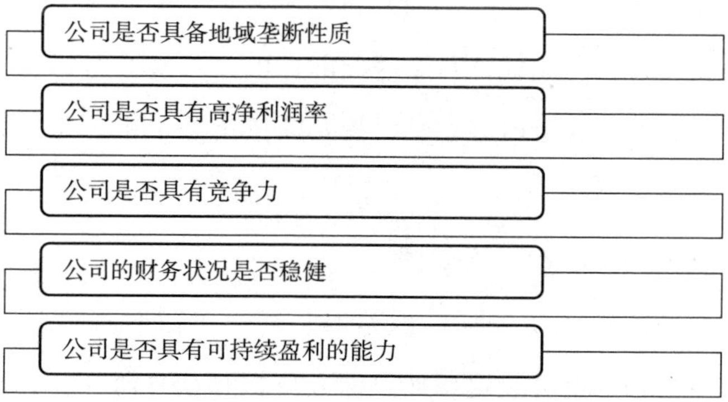

图 3-2　优质公司的特点

（1）公司是否具备地域垄断性质

我一直认为，投资获取长期稳定的高收益是建立在标的公司具有地域垄断性质的基础上，比如，离开了茅台镇就造不出茅台酒；而片仔癀的中药配方都是名贵的麝香、蛇胆、牛黄等，它的配方受到国家的保护。

（2）公司是否具有高净利润率

一家优秀的公司一般都具有高利润率，这意味着公司业务稳定增长、既具有垄断优势又有自主定价权，这种公司的财务指标就是净资产收益率（ROE）稳定在20%~40%，毛利率在50%以上，营业增长率与净利润率在20%以上，在上市后的10年间净利润的年增长率在30%以上且必须连续3年没有间断，有稳定增长的现金流量净额，股本在2亿~10亿元。在财务数据达标的情况下，还要看公司的产品涨价时能否取得顾客的认可。

（3）公司是否具有竞争力

在对公司成长性进行分析时，要对标的公司的业务前景及行业的成长性与竞争的可持续性进行正确的判断。我们可以通过财务报表获得一家公司的经营情况、产品的销售利润、股东权益、负债状况，以及现金流等的财务数据。根据财务报表所提供的财务数据，我们就可以很清楚地看出这家标的公司的内在价值几何，竞争力是否变弱等迹象。

我们的投资目的是赚钱，对于持有的标的公司什么时候增持、什么时候减持、什么时候全身退出等，主要的判断依据是上市公司的财务报表中的数据。

（4）公司的财务状况是否稳健

我们在长期持有优质公司的股票时，绝不可以轻视该公司的财务状况，如果你对公司的财务状况不加以深入分析和认真研究，在投资盈利上是很难达成预期效果的，所以巴菲特的投资成功就是他阅读财务报表的结果。包括其他顶级投资大师，也是把大部分时间花在研究标的公司披露的财务数据方面，通过精准地把握上市公司的财务状况来做出正确的投资决策。

一家公司经营的业务和生产的产品或提供的服务、销售利润和净利润率、经营资金状况、现金流是否充裕等，投资者都可以从财务报表披露的信息中获取。

（5）公司是否具有可持续盈利的能力

投资的经验告诉我们，公司盈利的生命周期没有一个明显的时间界限，这就会使我们在分析研究中很难精准地把握。在选择投资标的的时候，如果投资者选择了处于快速扩张阶段的公司，最终该公司的成功可能是短暂的，它的盈利增长是经受不住时间考验的。

2. 持股的耐心，来自对企业的深入了解

巴菲特说："我们感兴趣的并非股票本身，而是公司的潜在价值及其发展的前景。要根据一家公司的远景展望而进行相应的投资。"如何才能使我们对一家公司的潜在价值和发展前景有更深入的了解呢？这就是我们该做的功课了。

恒瑞医药公司自上市20多年来股价上涨了近400倍，它在孙飘扬董事长的领导下，在中国A股市场上一直表现得非常优秀，在药企的恶劣竞争环境中始终立于领先的地位。但这样一个拥有无比荣耀的公司，却在2021年初经历了它有史以来的最大的一次阵痛。

当人们开始把目光投向这个发展潜力巨大的明星股时，不测的厄运降临在它的身上，集采影响了恒瑞医药的商业模式和发展前景。

因为集采的背后是全民医保，所以，集采对恒瑞医药的前景模式的困扰是不可逆转的。而由于我国人口老龄化加剧，全民医保负担沉重，无法承担起高利润率的运作模式。

在研究中我还发现，任凭医药企业保持过高利润率是不可能的事情，集采势在必行。随着人口老龄化的加剧，医疗的需求越来越大，集采只会越来越加深，力度越来越强，所以，恒瑞医药的盈利增长会不同程度地受

到影响。

巴菲特说：“投资者不要受今日形势的影响就改变其投资策略，真正的投资者应当基于以下因素：第一，即使你知道经济总体的发展趋势，也并不意味着就知道股市的发展趋势。第二，你不可能在选股上比别人优秀很多。股票能称得上是好东西，必须经历一段相当长的时间验证。”

一直以来，我都是按照巴菲特讲的这两点去做的。因为在选择股票前，我对投资公司进行过详细的了解，并且在买了这只股票后也会继续对公司跟踪研究，自然胸有成竹。

恒瑞创新药的研发需要巨额的资金投入，没有了丰厚的利润，缺少了巨额的收入来源，新药研发只能减少。2022 年 6 月，13 个省集采拟中选结果公布。根据中选的结果，本次集采续约共 126 家药企的 168 个药品拟中选。此次 13 个省集采平均降价 39.10%，最大降价 80.20%，降价幅度更是低于前 5 次的国家集采。

恒瑞医药先是调整好业务结构，集中精力解决阻碍发展的问题，让公司产品和内部管理更适应市场需求的变化，在此基础上谋求发展。对集采要用长远的观点来衡量，其实并没有太大的影响。

恒瑞的国际化是公司多年来坚持的战略，公司推动重点品种在欧美以及日本市场的注册获批和销售，加强其他新兴市场的注册力度，力争公司的海外销售再上新台阶。在研究中我还发现，恒瑞公司经营计划强调质量、安全生产以及环保方面，公司将继续坚持“质量第一，安全至上”的原则。

在长期持有上市公司的股票时，最重要的就是对公司进行全面具体的了解，这样才能让我们在投资市场上知己知彼、百战不殆。巴菲特说过：“对一家企业进行良好的判断，将思想和行为同周围在市场中极易传染的情绪隔绝开来，就会让一个投资者成功。”

我在对恒瑞医药公司进行深入了解的时候，采取了两种方式。如图 3-3所示：

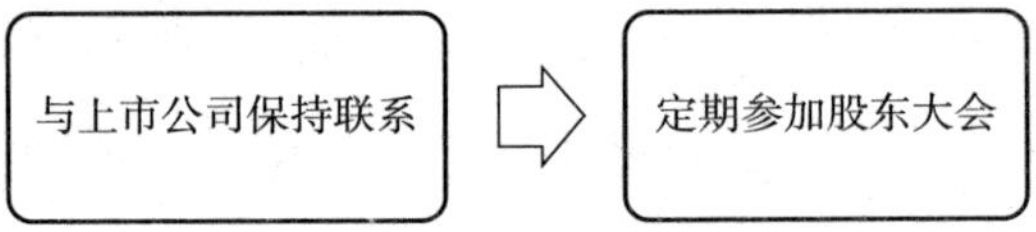

图 3-3　对恒瑞医药了解的两种方式

（1）与上市公司保持联系

在与上市公司保持联系时，我一般通过电话沟通，但有时也会直接去公司总部拜访、调研，参加股东大会，最多的还是通过投资者交流平台直接和公司管理者进行沟通交流。在去之前，我会把所有要提的问题事先准备好，列在笔记本上，然后在沟通时向管理者提出有关公司建设性的问题，他们会一一给出解答。

（2）定期参加股东大会

为了解到真实的动态，我会定期参加持股公司的股东大会。对于个体投资者来说，参加股东大会是比较难的，因为出行的时间、支出的车旅费用全靠个人负担。但也正是这种对标的公司进行详细了解的方式，才更让我能长期放心地持有它的股票。

在 20 多年的投资历程中，尤其是近些年来，我的投资观念受到一部分投资者的追捧和效仿。但也有一部分投资者表面认同而口是心非，说价值投资知易行难。我还遇到一些投资者主动来和我“深交”，总想了解我的性格，看我如何自律、如何战胜人性的弱点，以此来结合自身的优势做好价值投资。

长期持有优质企业的股票，使我们懂得了复利累进的威力，又深知战胜人性弱点的艰难。既要能经得住暴利的诱惑，又要能在白色恐怖的暴跌中不恐慌，排除市场上的喧嚣困扰。

复利增长对投资者的耐心是巨大的考验。而长期持有的耐心，则是来自对企业的深入了解与实地调研。只有知道你持有的企业价值几何，你才能有决心对一只股票持有5年、10年、20年，甚至是做出永久性持有的决定。

假如投资者没有按照格雷厄姆的安全边际原则买入投资公司的股票，就有可能在3~5年里处于亏损状态，使你在此期间对于投资的公司产生疑虑而丧失持有的信心。如果你对投资公司的经营状况了解得不够深入的话，市场一旦出现复杂多变的情况，你就会产生恐惧心理，这时你对“长期持有”的决心就会动摇，甚至怀疑当初做“长期持有”的决定，只要逮住一次有利的“机会”便会弃股而逃，影响自己的投资收益。

3. 选择消费垄断企业，长期持有该股票

在长期投资中，受消费者欢迎的企业对我的吸引力最大，也是我选择投资公司的重要参考标准。在我的投资组合里，消费垄断的企业占投资成本比率最大，这类企业信用高，备受消费者欢迎。在选择投资标的公司的时候，应该把具有“经济特许权”的公司作为首选，所谓有“经济特许权”就是一家公司的产品或服务具有三个特点，如图 3-4 所示：

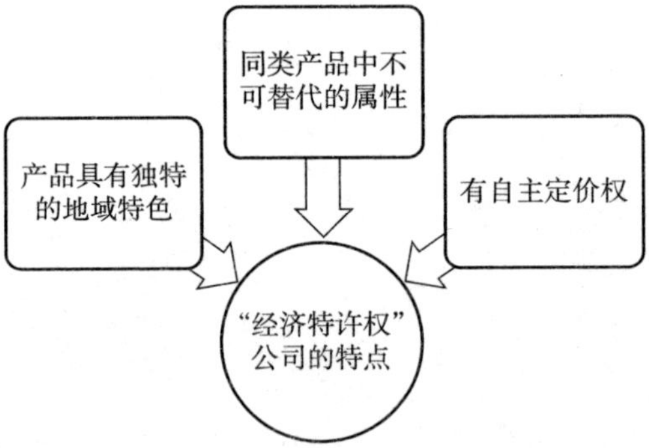

图 3-4 “经济特许权”公司的三个特点

巴菲特说：“企业要想取得持久的成功，最关键的是要有令竞争对手望而生畏的竞争壁垒，要么像政府雇员保险和沃尔玛超市那样保持低成本，要么像可口可乐、吉列和美国运通公司那样拥有强大的全球性品牌。

这种令人望而生畏的高门槛对企业获得持续成功是至关重要的。”

我认为，投资者要将投资范围限定在自己了解的领域中，而不是大规模地分散投资。消费垄断的公司是我获取高额回报的法宝，我选择贵州茅台就是因为这个因素。

贵州茅台这样具有地域优势的公司，其产品无法模仿，因为离开了茅台镇就造不出来茅台酒。这样的竞争壁垒使得其产品不可复制，无可替代，茅台公司就是以其独特的地域特色，在同行业中保持了持久的竞争优势。

类似于贵州茅台这种有核心竞争力的公司，就是有“经济特许权”的公司，也就是我们投资的首选目标。

我在总结投资经验时，深深地感觉到不能从通货膨胀中获利的企业实属大多数，从而转移到那些能够规避通货膨胀伤害的公司。我在多年的投资实践中发现，唯有购买长期垄断、具有稳定的高毛利率公司的股票，才能在长期投资中获利。当通货膨胀来袭时，它们可以将自己的产品在原有的基础上适度地提价。关键是产品提价后仍然不会吓跑顾客。因为它是市场稀缺少有的产品，没有其他的产品可以替代，只有这种高毛利率的产品提高售价，才能对通货膨胀起到对冲的效应。

一家公司经营的稀缺产品在销售市场上的表现，反映在投资市场上就是这家公司的估值提高了。

巴菲特对于具有消费垄断的企业爱不释手。他说：“如果你给我 10 亿美元，再给我配备全美国最出色的 50 位经理，我绝对可以建立一家杰出的公司，但是，你让我去打垮华盛顿邮报公司，我会把这 10 亿美元还给你。尽管我不愿意失去这 10 亿美元，但我根本无法完成你交给我的任务。然而如果你给我相同的资金，让我去削弱奥马哈银行的盈利或市场份额，我完全可以让它们知道我的厉害。也许我不能完全达到你的要求，但我肯定会给它们带来很多麻烦。”

判断一家公司的股票是否应该长期持有，还要看其是否有持续竞争的优势。巴菲特说过：“判断一家公司是否具有‘持续性’的竞争优势，去看看该公司的财务报表吧。”财务报表中最能体现竞争优势的数据有：净资产收益率在20%~50%，毛利率要稳定在60%左右，净利润率要在20%以上，营业收入增长率和净利润增长率要在15%以上。

投资者在自己的投资组合中，应该注重选择产品有重复性消费特征的公司，比如茅台、五粮液等白酒就是可以重复消费的，还有银行、保险，腾讯、阿里巴巴等企业所提供的产品或服务也会被广大用户反复使用。片仔癀的系列产品、汤臣倍健提供的系列保健品，以及涪陵榨菜百吃不厌的榨菜、海天味业的调味品、伊利股份的奶制品、冷饮等产品都具备长期重复性消费特征。

在这些产品具有重复性消费特征的企业中筛选出具有长期垄断优势与“经济特许权”的“皇冠上的珍珠”就寥寥无几了。我们选股时要清楚，一个公司的信用才是它的内在价值反映，也是公司的无形资产，因为吸引消费者的是公司的信用，良好的口碑会增加公司的内在价值。在投资市场上长期表现良好的公司股票，都具有长期投资的价值。

4. 不要选择自己一无所知的企业

多年的投资经验让我发现，没有经过深入分析研究的投资，大多是以亏损或赚小钱结束，尤其在初期进入市场做短期投机的时候最为常见。我在买入深科技、首钢股份、洋河股份、潍柴动力等公司股票后，由于对公司的基本面一无所知，更谈不上对投资公司的经营进行深入细致的分析和研究，导致投资以失败告终。

其实，要想在投资中赚到钱只有一条铁律，那就是花费足够的时间学习如何分析财务报表，才能选择到心仪的投资标的。

如果草率地买进公司的股票，就很可能持有几个月甚至几年也没有利润，投资者亏损累累，以割肉出局来对投资公司进行“报复”。还有的投资者发誓一辈子也不买这家公司的股票了。

对于自己一无所知的公司进行投资的失败案例太多了，在投资市场上数不胜数。投资者只有深入了解投资公司才能投资成功，仅凭对公司表面的肤浅了解就盲目投资，妄想获得长期投资的丰厚回报，根本就是不可能的事情。

英国经济学家约翰·梅纳德·凯恩斯说：“如果我们逃离了股市，一般不会立刻回头，等到回去时总是已经太晚了。如果复苏真的到来，我们肯定会被甩在后面。而复苏永远不来，那就怎么做也没用。”

所以，我们要在投资之前，就花费足够多的时间和精力对所要投资的公司进行深入细致的研究，把选择投资的公司当作寻找终身的“伴侣”来对待。在长期持有的投资组合里，我连续买的都是符合自己期望的好公司股票，如果持股的公司经营持续下滑超过两个季度，而且又有更好的投资公司来替代时，也可以将其更换掉。

我在深入了解迈瑞医疗公司的股票时，非常清醒地认识到迈瑞医疗公司的前景是很广阔的。

迈瑞医疗是由李西廷、徐航、成明和等七名安科前雇员创立的，总部设在深圳。公司的主要业务是医疗器械的研发、制造、营销以及服务，旨在引领国内医疗器械市场，深耕全球、布局未来，带动国内医疗器械产业与世界一流医疗器械企业跨越式接轨。公司在国内外均衡布局，力争在不久的将来成为世界领先的医疗器械企业。同时在产品线布局上，公司集中资源聚焦主营业务，巩固在生命信息与支持产品领域的领先地位。

迈瑞医疗公司现在的主营业务监护仪、麻醉、血液分析等已在世界领先。展望未来，公司将以客户需求为导向，强化主营业务地位，寻求技术突破。在研究中，我还发现迈瑞医疗公司在彩超、分子诊断、骨科等种子业务上均采用了自主研发与外部研发相结合，加快这些领域的研发步伐。

迈瑞医疗董事长李西廷在接受采访时说道：“国外的部分高端医院通过使用迈瑞的呼吸机，认可了公司的产品质量，对迈瑞的品牌有了全面的认识，同时也在鞭策公司要不断创新，保持永不懈怠和一往无前的精神。目前国内新基建带来的订单比较多，国际需求也不少，尤其是新兴市场。”

正是公司的这些优势，让李西廷对公司的前景充满信心，他说：“面向未来，迈瑞医疗将抓住新兴市场国家的发展机遇，复制在中国市场积累的经验。同时，迈瑞医疗将继续坚持内生式增长和外延并购双轮驱动，进一步巩固在生命信息与支持产品领域的领先地位，提升体外诊断及医学影像业务在全球市场的份额，作为新的快速增长点，并布局微创外科等成长业务。我们将继续提高研发投入的强度，不断走向创新的深水区。”

在长期的投资实践中，我在买入像迈瑞医疗这样的公司股票之前，就已经花大量的时间进行分析研究了，买入股票后，我仍然会对公司进行持续的了解。图3–5是我总结的全面了解投资公司的途径：

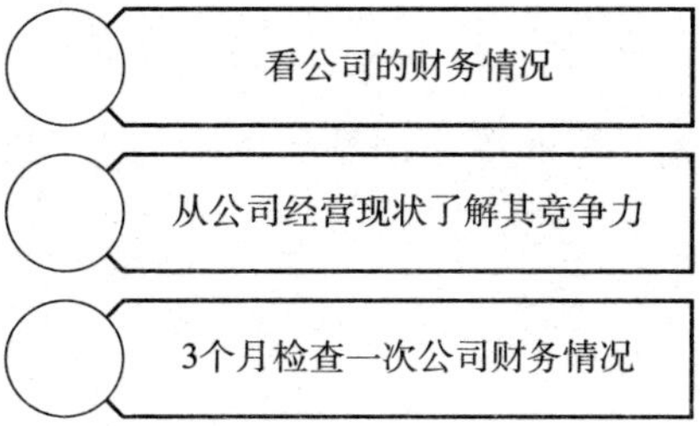

图3–5　三种途径全面了解投资公司

（1）看公司的财务情况

看财务报表的主要数据中的净资产收益率（ROE），自2018年10月16日上市以来迈瑞医疗的净资产收益率一直稳定在年平均20%～40%，并略有增长。从营业利润增长、净利润增长，再到股东权益的稳步增长，就可以看出这个企业是否优秀。

（2）从公司经营现状了解其竞争力

从毛利率、应收账款、存货量，以及负债中能看出这家企业的经营是否稳健；从每股现金流、现金流量净额、每股净资产，到市盈率、市净率、每股未分配利润中可以看出企业在经营中是否盲目跟风；从分红送转、运营成本的控制，再到每股经营现金流的前后对比，就可以看出这家企业在行业竞争中是否能保持长期稳定的竞争优势。

（3）3个月检查一次公司财务情况

再好的上市企业，也要每3个月检查一次它的经营情况，不能简单地敷衍了事，应从企业的财务报表中找出自己所需要的财务数据，与自己所记录的这家企业的历史财务数据相比较。

对于自己没有深入研究与分析过的公司，如果只被某些肤浅的苗头吸引就盲目投资，那有可能在刚看到利空的消息时就被吓跑了。投资大师彼得·林奇说：“抓波段操作并不是真正的赢家，真正的赢家是从头到尾投资在股市，而且投资在具有成长性的公司里。实际上，最能够对抗熊市的策略就是设定时间表，在每个月、每 4 个月，或者每半年等固定的时间里投资固定的金额，就能够避免追高杀低的风险和忐忑不安的心情。”

5. 选择投资回报率高的企业

投资回报率是衡量一个企业是否值得投资的重要因素。在多如繁星的企业里寻找到能够创造高额利润的企业，获得超额的投资回报率是我们的目标。

巴菲特说："要想在投资领域里有所作为，最重要的就是投资者的眼光，如果投资者眼光独特，他就会在浩如烟海的企业里，寻找到优秀的企业，尽管衡量优秀企业的标准有很多，但企业的持续竞争力和资产重置情况是投资者在投资企业进行考察时必须参考的两个基点。"

对于这一点，著名经济学家迈克尔·波特在其竞争优势理论中进行了详细的说明。该理论认为："长期的可持续竞争优势是所有企业经营的核心，对于广大投资者来说，分析与判断企业的竞争优势应该成为投资者在进行投资时必不可少的关键一环。"

贵州茅台与片仔癀这样的公司，它们在厂房以及设备等有形资产上的要求并不高，对于研发和生产技术的更新换代的程度要求也很低，在长期的生产经营中就可以节省相当可观的费用。

更难能可贵的是，贵州茅台和片仔癀这两家公司以自己拥有的无形资产，在消费市场上取得了独一无二的垄断地位。这使它们得以用较低的成本创造出极高的净利润收入。从 2022 年底的贵州茅台特别分红就可以清楚地看出股东的收益率逐年增加。

27 年的投资经历使我更加明白，如果一家公司具有上百年的经营历史，就能够取得该行业的垄断地位。因为其产品的优质性无可替代，所以无数人对它的产品青睐有加，才能成就百年品牌。

投资经验告诉我们，超级优质公司都有一个共同的特点，就是它们在上市的时候自身的股本都很小，因为股本小将来成长的空间会更大，所以在它们成为大牛股之前就需要从“婴儿”股本开始。在投资这个领域，“早”就是优势。

在选择标的公司的时候，投资者应该注重那些能以少量的成本创造出高利润回报的公司，只有这样与众不同的能控制经营成本的公司，才是我们心目中的好公司。公司的权益资本回报率可以反映出一家公司的经营效率在一定程度上能为股东带来的好处。实际上每股收益提高的原因只是这家公司采取了通过保留以前的部分收益增加资本总额的方法。

由此可见，我们在考察标的公司是否质优绩佳，投资回报率是否高时，要从以下几点去看。如图 3-6 所示：

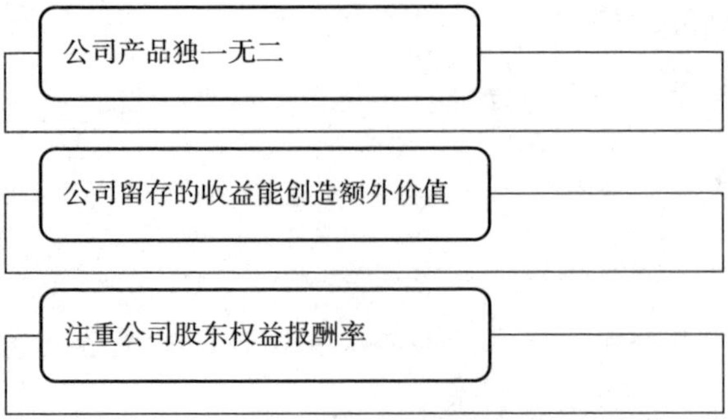

图 3-6 从三点考察标的公司

（1）公司产品独一无二

看公司的产品在本行业中是不是独一无二的，公司的财务状况是否优秀，运营能力是否良好，盈利能力是否健康，现金流是否充裕，管理层是否诚实可信，该公司是否具有稳定经营的历史记录。只有拥有经营稳定的历史记录，公司的股价才能够围绕公司的内在价值波动上行。巴菲特说："在此之前我在评价一个企业的时候，注重的是它的有形资产，而忽略了它的无形资产。今天看来我过去真是犯了大错，而且纠正这个错误我又用了很长的时间……"

（2）公司留存的收益能创造额外价值

在公司的运营中每股收益创下新高的时候，不要被公司的花言巧语所蒙蔽，就真的认为公司的前景一片光明。我们应该知道每股收益的提高并没有给自己带来什么实际的内在价值。投资者可以通过分析确认公司是否具有利用留存收益来创造价值的能力，这一点显得格外重要。在漫长的公司经营中，聪明能干的经理们能把留存的一元钱用于再投资或购买本公司股票，使一元钱能够变成两元或多元钱。只有这样，公司管理者才能为投资者带来实质上的好处。

如果管理者没有利用留存收益创造出较好的价值，就很明显地证明这些管理者是不称职的。我在长期投资过程中，会细心地观察公司的留存收益是否能创造出额外的价值。

（3）注重公司股东权益报酬率

只有注重股东权益报酬率的经营者，才能算得上是一个注重股东利益的优秀经营者，他们深知股东权益报酬率这个财务指标是维护投资者利益的重要体现，它的稳步增长才能使股东在投资中获得较高的投资收益。

根据我总结的投资经验，在注重企业财务数据的同时，毛利率也好，净利率也罢，都应该以企业的长期稳定的竞争优势为核心，以此为标准去检验该企业是否具有长期的竞争优势。一个真正具有长期竞争优势的好企业，才能领先于同行业其他的竞争对手，创造出惊人的投资回报率，来回馈它的忠实股东。

6. 投资的企业，必须有长期稳定的产业

在长期投资的过程中，我们要专注于那些容易了解的行业，对于自己所投资的公司与它所在的行业一定要有深刻的了解，一定要在具有垄断优势范围内的企业里选股。

假如一个企业的技术太复杂，超出了自己了解的范围，最好的方法就是放弃。成功的投资者在选择适合自己长期持有的优质股票时，都会选择具有长期稳定产业的标的公司。

在我投资的经验中，就是把几家稳定增长的优秀公司，加入自己的投资组合中长期持有，归根结底就是投对了产业，也投对了公司。

在浩瀚的投资信息中，有利于投资者长期持有的信息是很少的，大多数都是指导你如何高抛低吸，如何使用 K 线和移动平均线或组合 K 线等赚取快钱的。在投资市场上，七亏二平一赚钱的不变法则清楚地告诉我们，在市场中依赖短期投机赚取的利润，最终还是要还回市场的。短期投机赚取的钱，就像天上的云一样，飘浮不定无法生根。

但在投资市场上，总是有 80%以上的参与者抱着一夜暴富的心态。事实证明，要想赚取超越大众的高额利润，唯一的方法就是长期持有优秀公司的股票！随着时间的推移，5 年、10 年、20 年以后，你再回头看看，你就如同站在了山峦之巅，一览众山小了。

在寻找稳定的产业与稳定发展的投资公司的过程中，你不需要具备高超的智商，不需要获取惊人的内幕消息，真正需要的是在投资前准确地判断。你在投资中取得的超额收益，取决于你在信息收集与分析研究时付出的辛勤汗水、经验积累，以及你在操作时“市场先生”所表现的愚蠢程度。所以，市场波动的幅度越大，惯于捕捉机会的投资者机会就越多。就长期而言，市场的股价波动会给聪明的投资者带来信心。

以我的看法，投资者要选择的长期稳定的企业特点如图 3-7 所示：

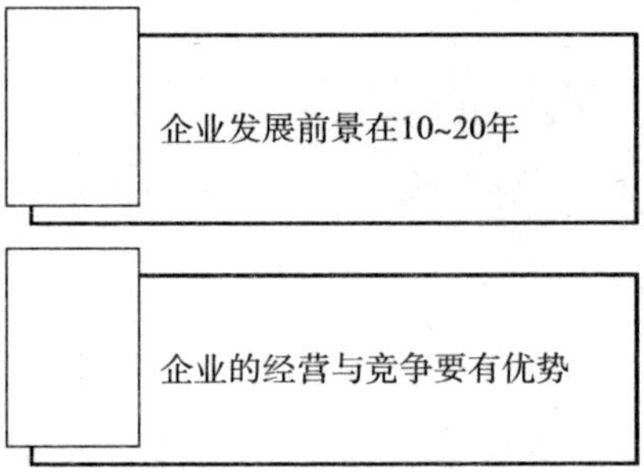

图 3-7　长期稳定的企业特点

（1）企业发展前景在 10~20 年

起码是能够在 10~20 年有很大发展前景的企业，在行业结构进行调整，或是企业股价因为某种原因被市场低估的时候买进，才有长期持有的价值。

（2）企业的经营与竞争要有优势

投资者不要把精力和时间都投入到对股价走势的关注上，最重要的是关注企业的经营与竞争优势，以及企业的内在价值。

我个人认为，零售行业的门槛很低，竞争十分激烈。在选择长期持有的投资标的时，还是要远离零售业和商品型的企业。零售业的高速增长率是短暂的，一旦竞争对手进入这个领域，他们就有可能面临倒闭的风险。

对此巴菲特的看法是：“零售业的经营相当不易，在我个人的投资生涯中，我看过许多零售业曾经拥有极高的成长率与股东权益报酬率，但是到最后突然间表现急速下滑，很多甚至被迫以倒闭关门收场。比起一般制造业或服务业，这种刹那间的永恒在零售业屡见不鲜。对零售业来说，要是用人不当的话，就等于买了一张准备倒闭关门的门票。”所以，我在投资中一直坚持追求垄断消费行业中的企业。

巴菲特在对圣母大学学生演讲时，曾经展示了一本37家投资失败的银行机构的名册。这些机构的主管拥有极高的智商，工作很努力，对于成功更是有着强烈的欲望。他们为什么会得到这样的结果呢？是因为同行业之间不经大脑的效仿行为。

在投资界，流传着一则旅鼠集体跳海自杀的小故事：

北极圈附近生长着一种叫旅鼠的小动物，长得和田鼠差不多，尾巴略短，毛呈黑褐色，还带有白色斑点。

旅鼠的特点就是繁殖的能力惊人。

它们出生一个月左右就可以繁殖了，一只旅鼠每5周就可以繁殖一窝，一窝就可以产出七八只小旅鼠。

一个旅鼠种群一年之内就能增长10倍，以如此速度增长4年后也就达到了顶峰。当地的食物被它们吃光后，为了生存下去，它们便成群结队地向外迁徙。

旅鼠在迁徙途中，会呈现这样的画面：后面的跟着前面的跑，越跑越远并且越聚越多，最后来到悬崖边时，前面的旅鼠收不住脚跳了下去，后面的也闭着眼睛跟着跳了下去。

跳到海里的旅鼠拼命地挣扎，最终会精疲力竭，淹没在波涛汹涌的汪洋大海里。

巴菲特说：“投机是酿成大祸的开始，当灾难来临时，所有人都将无一幸免。”巴菲特是在提醒投资者不要参与短期赚快钱的“旅鼠”集体的自杀行为，长此以往你不仅赚不到钱，也浪费了时间。

投资和投机虽然只有一字之差，但实际上完全不同。投机是源于自己不良的心态演变而成的赌博心理，导致血本无归的事情在投资市场上时常发生。真正的投资是理性的行为，在投资市场上表现谨慎，步步为营，是极为安全可靠的。一个长期的投资者只要坚守在安全边际买入，永远不会出现亏损。

投资市场上成功的案例告诉我们，要想投资成功就不要心存侥幸，你应该用足够的时间与耐心等待安全边际的到来。投资者普遍存在着非理性，这样的非理性正是安全边际的制造者。如果投资者已经在安全边际的范围内购买了股票，将来一定会获得超额的投资回报。

7. 挑选股票，要远离研发费用高的公司

一家公司要想发展壮大，就必须具备宽阔的“护城河”。当年我选择股票时，非常注重公司的研发费用是否过高。如果公司的研发费用高，我是不会考虑的。即使选股过程长一些，我也一定要选择研发费用低的公司。

“股王”贵州茅台就是这类公司的其中之一。贵州茅台作为中国酱香型白酒典型的代表，是白酒行业第一个原产地域的保护产品，也是世界名酒中唯一纯天然发酵产品，有着不可撼动的核心竞争力。

茅台公司董事长丁雄军说：“我们的底气来自四个核心优势，即独一无二的原产地、不可复制的微生物菌落群、传承千年的酿造工艺和长期贮藏的优质基酒源资源。我们特别呵护传承千年的酿造工艺，这些工艺会继续传承，不会轻易改变。”

贵州茅台之所以在同行业中具有优势，除了四个核心优势外，公司研发费用也比同行业低。

而那些依赖专利权、依靠技术领先，或者高研发费用而维持竞争优势的公司，并没有真正的持续竞争优势。比如，依赖专利权的制药公司，一旦专利权过了保护期，它们的竞争优势便会消失。所以，高科技公司依赖技术领先在业内拥有主导地位，在其他公司研发出了同样的技术后，这些

公司的竞争优势马上就消失了。

恒瑞医药就是一个典型的实例。

恒瑞医药连续多年被国家统计局列为全国化学制药行业十佳效益企业，是国内“重大新药创制”专利创新药孵化器基地。

恒瑞医药是“中国抗肿瘤药物技术创新产学研联盟”的领头企业，国家靶向药物工程技术研究中心，名列医药上市公司最具竞争优势的前列。该公司是国内第一家注射剂获准在欧美上市销售的制药企业，在中国制药发展史上具有里程碑的意义。公司现有3种注射剂、2种固定制剂、5个原材料药通过美国FDA和欧盟认证。

我在研究恒瑞公司时发现，虽然恒瑞医药占有的市场份额很大，经营利润按理来说应该是相当可观的，但是它的营业利润仅仅是平均的水平。同时我还发现，真正造成净利润降低的原因，并不是该公司的销售费用和管理费用，而是研发费用，正是这些巨额的研发费用拉低了恒瑞的盈利。

从恒瑞医药高额的研发费用我可以断定，恒瑞的制药技术及产品在10年之内绝不会落后。恒瑞医药2022年用于研发上的投入达到63.46亿元，同比增加2.29%，研发费用占销售收入的比重同比提升至29.83%，创历史新高。正因如此，它的研发费用不能减少，只能逐年增加，因为它的研发费用一旦停止增加，其他制药公司就会轻易赶上并超过它。

尤其需要注意的是，集中投资少数几家优质公司的股票，持有的期限都是10年左右的，在选择具有长期垄断优势的公司时，一定要远离研发费用高的公司。医药行业的经营具有投入大、周期长、风险高的特点，在这期间出现任何招标政策的风险或技术上的失误都将会影响公司的竞争优势和创新成果。因此，投资这类股票就算赚钱，也不可能避开投资市场上的每一个洼坑。

我的投资经验证明，一个优秀公司的历史增长记录就是未来走向的指示器。

片仔癀是国内仅有的两个中药一级保护品种之一，也是唯一的配方和工艺被国家视为“双绝密”的稀缺品种，可以说，其配品是受到长期保护的。

片仔癀的核心原料天然麝香也受到国家的管控，10年内供不应求的局面不会改变。公司通过自建养麝基地、增加麝香库存保障原材料的供应。片仔癀品牌价值极高，连续五年蝉联“肝胆用药第一品牌”，属于“中华老字号”。

巴菲特说：“经验显示，最赚钱的往往是那些5~10年来一直做着相同生意的公司。当然公司经理人不能因此而自满，企业总有机会改变它们的服务质量、产品线、制造工艺等，且必须要好好把握这个机会。”

一个具有超额收益的投资组合中，最好要有2~3家具有持续竞争优势的公司股票，这类公司的股票最好永久持有。与此同时，和那些投入高研发费用、依靠专利和技术领先而获得竞争优势的公司相比，投资者应该更倾向于那些不需要投入过多研发费用的公司。

根据我多年的投资经验，像贵州茅台、片仔癀，以及迈瑞医疗这样的超级明星企业，就是集中投资长期持有的首选。我就是长期持有这几家超级明星公司的股票，才获得投资组合漂亮的增长率。

10年10多倍的投资收益率已经传为佳话，目前我更为突出的价值投资成绩，是贵州茅台，在12年半的时间里，投资收益率竟然高达300倍，这也充分地体现出了白马股的魅力，更是展现了“股王”在A股投资市场上的王者风范。巴菲特说：“我们寻找的是一个具有持续竞争优势并且由一群既能干又全心全意为股东服务的人来管理的企业。当发现具备这些特征的企业而且我们又能以合理的价格购买时，我们几乎不可能出错。”

第四章

把投资的企业
当成自己经营的生意

1. 认真阅读投资公司的海量信息

我在投资生涯中，早已养成了阅读投资公司季报、年报的良好习惯，在阅读投资公司的年报时，也阅读它竞争对手的年报，而不是市场上纷繁复杂的信息。阅读标的公司的年报，已经成为我长期以来深入分析研究投资公司的主要信息来源。在阅读公司年报时，我总是把有关竞争持续性的重要信息反复推敲，直到弄明白为止。

阅读标的公司的财务报表，可以提前发现投资公司的经营状况是否正常。在投资实践的磨炼中，我学会了从公布的财务数据中对投资公司的经营、销售以及持续的竞争优势进行研究。这需要投资者对公司的情况有全面仔细的观察，查看出修饰过的痕迹。

假如你对标的公司的具体情况不了解，是根本无法对该公司的内在价值做出合理的评估的。即使标的公司没有出现财务舞弊的现象，对于一个先知先觉的投资者来说，也可以根据公司的财务状况制定投资决策提前采取行动。所以，分析研究对于投资者来说是最重要的工作。

我在2010年第二次建立投资组合的时候，就已经注重对信息的储存工作了，这是集中投资长期持有者必须要做的事情。

及时准确地获知公司信息，无疑是长期持有优秀公司股票的重要基础。这些投资信息有社会政治、经济、金融等宏观方面的信息，有上市公司经营状况和竞争优势、市场交易与价格波动等微观方面的信息，还有证券管理等方面的信息，可谓涉及股票投资的方方面面。

投资者若是不注重信息的收集和筛选，就难免被波段投资或者短期炒作的心理影响，难以做到长期持有，享受复利增长带来的喜悦。绝大多数投资者的成绩惨淡，并非他们信息量太少，而是不懂得精挑细选对投资有用的资料。

在阅读上市公司海量信息深入研究投资公司的时候，彼得·林奇指导我们说："我们投资一只股票，实际上要做好调研，你必须查阅许多的资料，譬如企业的公告、上市企业平台互动等，均是我们获得信息的来源。当我们尝试去做这些事情时，你会发现你对市场的理解会随着你对资料的查找越来越深刻，越来越接近本质。然而现实中，这些文章并不被许多投资者接受，人们都喜欢简单的方法，譬如喜欢用一根均线、K 线或者简单的参数来选择牛股。当然，结果如何，使用这些人心知肚明。"

俗话说，"一分耕耘，一分收获"。这句话适用于我们做任何事情，在投资市场上更是如此，要想获得投资收益，就必须对所持有的投资股票的公司付出大量的工作，从各个渠道搜集公司的信息加以整理，认真分析公司的情况，从中做出科学的判断。

彼得·林奇认为调研得来的"收获"比所有的资料都要可靠，为此，他说："因为任何事情总是要有代价的。假如不想付出一点什么，就什么东西都得不到。任何一家上市企业均是在两个市场进行经营：第一个市场就是资本市场，此市场的经营目标是市值；第二个市场就是产品市场，该市场的经营目标的核心是利润。事实上我们了解许多上市企业更多的是在第二市场，即产品市场。每天供、研、产、销思考的就是利润问题，极少有上市企业能够有第一个市场这套思维，更少有上市企业能够将这两种思维有效地融合……”

股市的风险无处不在，这就要求我们在选择股票与风险防控上狠下功夫。如图 4-1 所示：

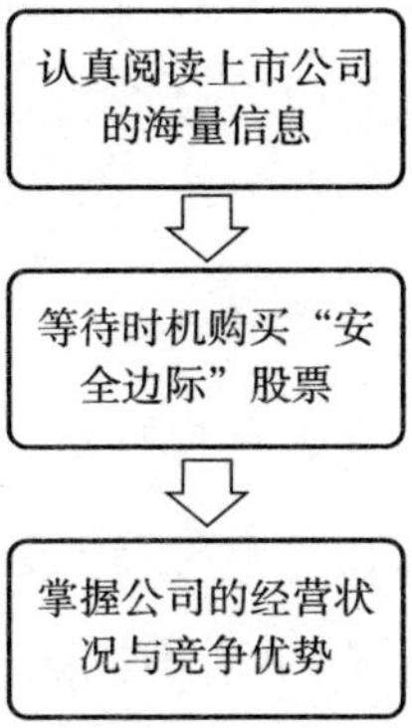

图 4-1 选择股票和风险防控

（1）认真阅读上市公司的海量信息

在通货膨胀期间，选择投资股票是上策。股票投资利润并不是随手可取的，好的东西需要付出代价换取。这就要求我们在做投资的过程中，认真阅读上市公司的海量信息，只有勤奋学习，才能使自己的投资业绩更加亮丽。

（2）等待时机购买“安全边际”股票

股票市场上的股价波动并不是以人的意志为转移的。真正喜爱市场股价波动的投资者，才能成为市场的大赢家，因为股价的波动给投资者带来的是利益而不是真正的风险，真正的投资风险是买错了股票。

要想低价位买入自己心仪的股票，就得学会等待时机。在等待的过程中，不仅需要战略眼光，更需要对投资公司赚取超额利润的坚定信心。特别是在买入具有安全边际的公司股票时，花时间等待是值得的。

巴菲特说：“我们的股票投资策略持续有效的前提是，我们可以以具有吸引力的价格买到有吸引力的股票。对投资人来说，买入一家优秀公司的股票时支付过高的价格，将抵消这家绩优企业未来 10 年所创造的价值。”所谓的“有吸引力”，指的就是股票的“安全边际”，如果买入股票的价格上不留有足够的安全边际，就有可能深受套牢之苦，还会减少这家优秀企业对投资者的利润，最终使自己的投资组合业绩平淡，更谈不上超额的投资收益了。

（3）掌握公司的经营状况与竞争优势

投资者要想在投资市场上立于不败之地，必须对标的公司的经营与竞争优势了如指掌，就好比自己在经营生意。任凭股价如何波动，你都要稳定地抱牢自己投资组合里的优质公司的股票，年复一年地走下去，你的财富雪球就会自然而然地越滚越大。

2. 用创业心态投资，与优秀公司共同成长

长期投资的实践证明，真正优质公司的管理层，一定要能够发挥资本配置高超的作用，把公司充裕的资金投入到能够赚取高回报率的项目中，从而促使公司内在价值增长，进而使股东权益增加。

如果一个公司的管理层能力有限，将充裕的资金投在回报率低的项目中，最终会降低公司的内在价值，也危害了股东权益。所以，投资者在投资中遇上了优秀的管理层一定要坚定地持有该公司的股票。

一个人的精力是有限的，用同样的时间、精力来研究 3 家公司和研究 10 家公司，研究和了解的程度肯定是不一样的。

如果你同时拥有太多的股票，就会对上市公司知之甚少，尤其在财务数据、经营状况、竞争优劣等方面都会感到混乱复杂。假如你的投资组合里有两三只重仓股，对其花上足够的时间去深入分析研究，就有可能使这两三家公司成为你的永久性持股，让你轻松地赚取超额收益。

俗话说，日久见人心。对于公司也是如此，时间是优秀公司的朋友，却是垃圾公司的敌人。集中投资的基本做法就是选择优秀公司，在适当的时机买入并长期持有，时间就会见证好公司价值的优越性。

在投资的过程中，我一直认为消费垄断的企业盈利能力强并呈上升趋势。一家具有垄断消费性的优秀企业，也有可能会增加负债，一般来说，

这些负债大多是兼并其他企业产生的。长期来看，优秀企业的财务数据是亮丽好看的，尤其有较高的股东权益回报率。投资者都懂得，股东权益回报率较高的公司，才会为股东创造出源源不断的超额利润。

巴菲特对于优秀企业倍加推崇。他说："如果你拥有的是企业中的'天然钻石'，那无论股票价格如何波动，无论波动的幅度多大，无论经济景气的循环如何上上下下，你都要守住。长期而言，这类优良企业的价值必定会继续以稳定的速度增长。"

在我实践价值投资的10多年中，我坚持选择优秀公司，并与优秀的公司共同成长，使得我有了10年10倍多的复合收益率。集中投资少数几家具有持续垄断优势的公司，就是很简单，也最有效的投资方法。

在投资的过程中，要想赚取高额的投资回报率，就要把自己看成投资公司的所有者之一。只有这样，在深入了解公司方方面面的情况时才会认真对待。我个人认为，股票投资从亏损到赚钱只有一步之遥，但有的投资者终其一生也不能跨越这道坎。在投资领域，只有不断对自己提出更高利润的标准，你才会在投资中赚更多钱。这就是马太效应，把目光放长远，得到的会更多。

我投资贵州茅台的时候，就把自己当成了茅台公司的经营者，与公司荣辱与共，风雨同舟，才能够持有茅台公司的股票12年半一股未卖。

在我一生追求垄断消费企业的正确思想的指引下，我会将贵州茅台公司的股票作为我的永久性持股。我相信，无论它的价格如何波动，无论波动的幅度有多大，无论经济景气的循环如何上上下下，这家公司的内在价值必定会继续以稳定的速度增长。

巴菲特说："一个投资者的投资业绩取决于他是否具有良好的心理。如果投资者能够在极具诱惑的股票市场始终保持良好的心理，他就可能面对市场的千变万化，做出冷静的分析，从而做出正确的投资决策。这样一来他不仅可以避免遭受巨大的损失，还可以从中获得巨大的投资回报。”

投资公司的内在价值是决定投资者是否能够获得投资成功的关键，市场股价的波动往往会给投资者造成错误的感觉，两者对比，公司的内在价值要比短期的股价可靠。股价是围绕公司内在价值忽上忽下波动的，投资者根本不需要把大量的时间与精力浪费在短期的股价走势上，而要对投资公司的内在价值进行合理的评估。

格雷厄姆指出：“股票的内在价值和市场价格之间的差距总是成为那些股票分析师们所关注的焦点，但是他们又不得不承认，人们对股票的价值进行评估时，似乎总是会掺杂进众多的人为因素，而正是这些因素往往成为影响股价波动的重要因素，由此看来，要想对股票价值进行准确的评估，其实是很难做到的。”

在投资的活动中，如果你持有股票的公司管理层对公司的经营尽心尽力，你就应该感到庆幸，没有选错公司，他会把股东的利益放在首位。巴菲特说：“我们投资的公司必须由我们欣赏、信任和具有竞争力的管理层来管理。管理层要好到让你愿意把女儿嫁给他的程度。”

一个公司的管理层，就像在战场上指挥千军万马的将帅，只有出色的管理者，才能够带领公司团队在商场上披荆斩棘、所向无敌，带领员工为公司创造更高的经济效益。投资者要想获得投资的成功，在制定自己的投资策略的时候，必须严格认真。

3. 负债少的公司，是真正的好公司

我集中投资长期持有的几家优质公司，它们都有一个共同的特点：使用的财务杠杆都非常小。这种杠杆与公司的丰厚盈利相比，简直微乎其微。在这些优秀的公司中，除了白酒和制药公司之外，其他几家公司都在销售与10年前并无两样的产品，这也说明了一家真正的好公司是不需要借债的。

我们在选择标的公司投资的时候，要清醒地认识到，不同行业的公司负债率是不同的。因为即使在同一个行业里，不同时期的负债率也不尽相同，在审视一家公司的负债时，要把它和同时期同行业的其他公司的负债率进行比较，这样才是合理的。

同时，在选择投资公司时，绝不可以把白酒行业和制药行业摆在一起来对比负债率，不同行业的负债率是不可能相同的。由此看来，对自己的投资组合进行合理搭配是获取超额收益的关键，一个合理的投资组合就是宁缺毋滥。

在投资实践中，想要获得最好的投资回报，就要知道选股的重要，如果你选择了朝阳产业中的稳定快速增长的企业，你就会在未来的5年、10年的时间获得非常理想的投资回报。

我持有的爱尔眼科，是一家医疗服务公司。自从我买入爱尔眼科后，10 多年来，这只股票都是以 30%以上的增速成长。毛利率环比在不断地提升，负债的比率增高。

即使为公司创造利润，爱尔眼科也不愿意有超乎正常的负债比例，直到如今，爱尔眼科公司负债经营依然为正效应。在毛利率不断提升的同时，实现的利润也来自内部经营业务，公司盈利基础也很可靠。爱尔眼科在市场迅速扩大的时候，营业利润也在迅猛增长。

英国著名的基金经理安冬尼·波顿说："研究可以从公司的资产负债表开始，从资产负债表中可以发现公司的优劣势。我的经历告诉我，大部分巨额的投资亏损都是忽视不健全资产负债表的结果。良好的资产负债表，包括可控的资产负债及资产充裕的退休金计划，都是公司轻松渡过难关的保证，而拥有繁重债务的公司在遭遇难关时却没有那么走运。同时，无论是在繁荣时期还是在困难时期，稳健的资产负债表亦可轻松为公司的增长及经营提供融资，而无须再向股东筹资。"

资产负债表，也是我在投资研究财务数据中的重要部分之一，只有稳健好看的财务指标，才是我喜欢分析研究的对象。

在投资领域中，只有长期稳定居于垄断地位的超级明星企业，才有好看的利润分配表、资产负债表、现金流量表等。那些没有垄断优势、处在竞争失利边缘公司的财务报表是不值得浪费时间去看的，更不值得去分析和研究。如果你忽略了资产负债表的负债比率过重的现象，轻者会使你的投资收益率不成正比，重者就会使你赔了老本。

一家公司的成长过程会经历 4 个阶段，如图 4-2 所示：

（1）初始阶段

这个阶段的公司是在摸着石头过河，公司人员管理、工作流程、对产品的把控，以及规章制度都不完善，公司的所有精力都用于开展业务、开

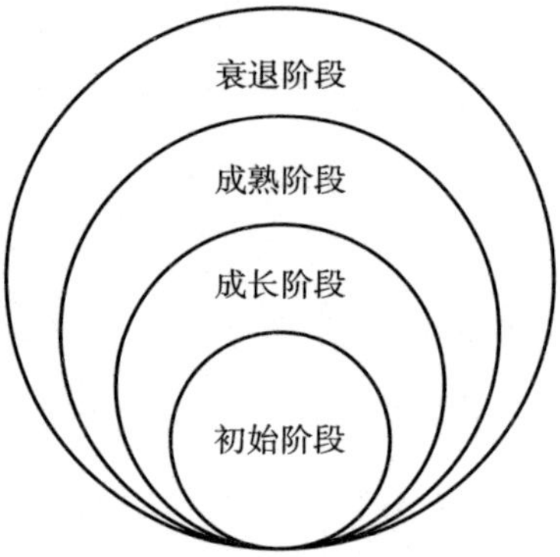

图 4-2　公司成长过程经历的阶段

拓市场，这也是公司生存的唯一途径，产品几乎没有利润，业绩自然也不稳定。

（2）成长阶段

公司经过一段时间的发展，经营管理、产品营销、各项制度逐步完善，规模渐渐扩大，业务量持续增加，业绩也在快速地增长。

（3）成熟阶段

成熟阶段的公司，管理制度完善、业务量稳定、人员规模大并且处于稳定时期，公司也形成了独具特色的文化，并且拥有一定的竞争实力，业绩缓慢地增长。

（4）衰退阶段

公司到了衰退阶段，发展进入瓶颈期难以突破，生产经营停滞不前，产品市场萎靡不振，业务瘫痪，加上公司管理死板，员工严重流失，能维持住不倒闭已经万幸了，公司业绩增长缓慢或不增长。

在这 4 个阶段，不同公司股票也会有不同速度的增长。我在投资的时候，最喜欢选择的当然是成长与成熟这两个阶段。

成长阶段，公司的经营业绩不会再出现大幅波动的不稳定现象，也是公司的鼎盛时期，在买入它的股票后就可以分享公司的快速增长带来的丰厚回报。在10年或20年后的成熟时期，公司业绩增长变缓，在基本面发生变化前的两个季度经营业绩出现明显的下滑时，就应当适当地减仓甚至是清仓。投资股票就像打棒球一样，只击打那些在幸运区里的好球，而不是什么球都去击打。

我投资的爱尔眼科的流动比率和速动比率，近10年来一直处于下降的趋势。这两个指标都充分地表明了爱尔眼科资金的流动性在减弱。尽管如此，爱尔眼科的流动资产和速动资产仍然充足，分别是流动负债的1.74倍和2.09倍。这一比率的下降，不仅不会引起短期偿债的问题，反而还提高了爱尔眼科的资金使用率。

事实上，我在早些时候的分析中就很清楚地表明了，爱尔眼科的管理层在经营管理上已经做得很优秀，他们处理上游的谈判能力是很强的，过去几年的营运资本一直处于负值，这表明公司的营运资本已经不需要再投入了，相反还可以为公司提供现金流。这就是我对爱尔眼科负债分析的一些看法，这也证实了好公司的负债不会很多。

在投资的实例中，超级大牛股的产生与中国现代化的新经济政策是息息相关的，它是时代变迁的产物，存在于社会消费的巨大需求中。你在投资时若是能看清这一步，抓住了时代需求的节奏，就等于抓住了公司迅猛发展的时机，我们投资这样的优质公司岂不是轻而易举就获得成功了吗?

4. 现金流，就是企业的生命血液

根据我的投资经验，真正值得投资的优质企业，在自身经营的时期就可以产生源源不断的自由现金流。

巴菲特说过：“伯克希尔公司一直在努力寻找能够在特定行业中具有长期竞争优势的企业。如果这些企业具有成长性，那么我们自然非常高兴。不过，如果没有成长性也没有关系，只要企业能产生源源不断的自由现金流，我们也愿意投资。因为伯克希尔公司可以把从这些企业获得的自由现金流重新投入到其他企业再赚取利润。”

投资的实践充分地证实了现金流在企业运营中起着极其重要的作用，只有血液旺盛的企业才可以存活得长久。在研究中我还发现，真正好的业务不仅可以从有形资产中获得满意的投资回报率，而且不需要依赖后续的资金投入，就可以正常地维持业务运转。所以说，自由现金流是我们考察一家企业是否值得投资的重要条件。

分析一家企业的自由现金流是如何产生的，不能仅看财务报表上的现金流量的数字。

巴菲特分析认为，一家有 2 元钱盈余未体现在账面上的公司，比一家账面上体现出 1 元钱盈余的公司更具有吸引力。如果这两家公司的收购成本差不多，巴菲特更愿意购买有2元钱盈余却不显示在账面上的那家公司。我在寻找投资目标的时候也注意到，有些公司为了减少经营中出现的波动幅度，会将经营的部分盈余隐藏起来。

在长期投资中我发现：一家不依赖资金投入，不依靠外债援助，单靠自身运营过程中产生的自由现金流便可以维持下去，甚至发展壮大的公司，在很大程度上就是家优质的公司，也是你千万不要错过的好公司。

我在投资的过程中充分地验证了一家真正优秀的企业在经营自己的生意时，不但能够在有形的资产中获得巨大的回报率，而且也不用从自身收入中拿出很大一部分进行再投资，就可以维持其原有的高回报率。所以，我们选择标的公司时一定要看它是否有持续充沛的自由现金流，这才是验证该公司是否值得投资的关键所在。

事实上，我在寻找投资公司的时候，对于公司的内在价值是无法准确地进行计算的。无论你是用巴菲特的现金流估值法、国库券的贴现值，还是用格雷厄姆的每股净资产乘以每股收益、彼得·林奇的动态市盈率估值法，都难以准确地估算公司的内在价值。我们永远无法精准地预言一家公司现金流动的时间与流动的数量，所以在分析的过程中，我们只能对投资的公司试着进行预测而已。

我们对公司价值评估的准确与否取决于公司现金流量是否准确，现金流量的准确与否又取决于公司经营是否稳定。关于如何才能选择一家优质的公司进行投资，巴菲特给出了指点，他说："许多投资实践证明，一家公司增长的历史记录是未来走向的指示器。"

在企业经营的过程中，现金流就是其生命的"血液"，只要这家企业的"血液循环"正常，现金流充裕，它就能抵御经济危机，在经营遭遇不测的时候不受冲击，躲过不必要的损失。所以，我们在选择投资标的公司的时候，一定要认真分析。如果这家公司不需要大量的资金投入，也不依靠外债的支援，全靠运营中产生的自由现金流就可以维持现在的发展水平的话，就是家好公司。

巴菲特认识到，自由现金流就如同树林里的鸟儿。如果一片树林里根本没有鸟儿，你又怎么指望在树林里捕捉到鸟儿呢？而树林里一共有多少鸟儿，捕鸟儿的成本是多少，这些问题谁也无法精确计算。也就是说，市盈率、成本收益率这些指标都很难精确计算出来，得出这些指标数据又有什么意义呢？既然这样，最直接、最有效的方式还是计算企业自由现金流。

我在投资标的公司之前，会借鉴彼得·林奇的财务报表的方法，但财务报表通常都是一两百页，还有的几百上千页，哪有时间去看那么多资料。所以，我的具体操作方法如图 4-3 所示：

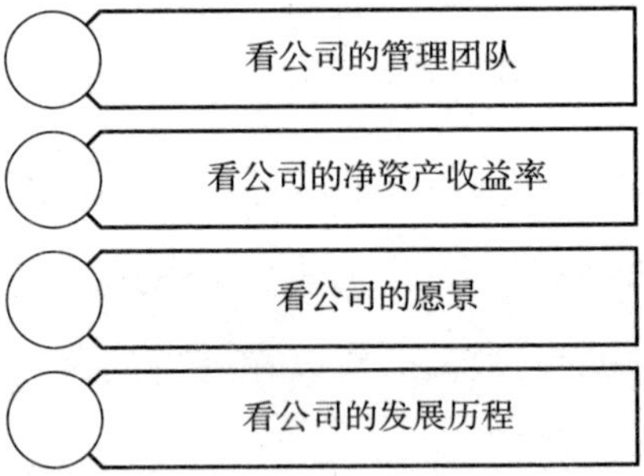

图 4-3　选择投资公司的方法

（1）看公司的管理团队

分析财务报表时，一定要看投资公司的管理层，人员的年龄、学历以及和公司的和谐程度。俗话说，众人拾柴火焰高。打造一支团结互助、积极向上、有凝聚力、能征善战的优秀团队，才能为公司创造最大的效益，这也是公司持续发展的力量源泉。

(2) 看公司的净资产收益率

净资产收益率(IRR)反映了股东权益的盈利能力，能充分地衡量公司应用现有资本的效率。投资公司净资产收益率，是选股最重要的财务数据，因为一个公司的经营管理层的能力能够通过净资产收益率充分地体现出来。公司净资产收益率指标值越高，说明投资带来的收益越高。

(3) 看公司的愿景

愿景是指一个公司长期的前景和发展方向、目标、未来展望、发展规划、持续竞争能力、创新能力、发展战略等，公司的愿景体现的是公司文化和生命力，这些都是财务报表上面需要关注的内容。

(4) 看公司的发展历程

公司的发展回顾，也是投资者需要关注的内容，主要从公司的业务方面、产业线方面、未来发展方面和企业的研发方面等发现公司在哪方面有创新，进而了解公司的优势和未来的战略决策。

5. 企业业绩增长，决定股价的上涨

在投资的过程中，企业的业绩增长是投资者选股的一个重要条件。可以说，企业的业绩代表其内在价值，股票代表市场估值。一个企业的业绩能够持续地增长，这既是企业价值的根本，也是企业发展的基石。企业盈利能力越强，企业的业绩越好，股东权益越高，说明公司为股东赚的钱越多。无论企业的业务如何出色，管理如何先进，最终都会体现在一流的业绩上。

一般情况下，内在价值线逐渐提升的上市公司，股价围绕内在价值波动，但每次回调的低点会逐渐抬高，长期股价也会逐年创出新高。如图 4-4所示：

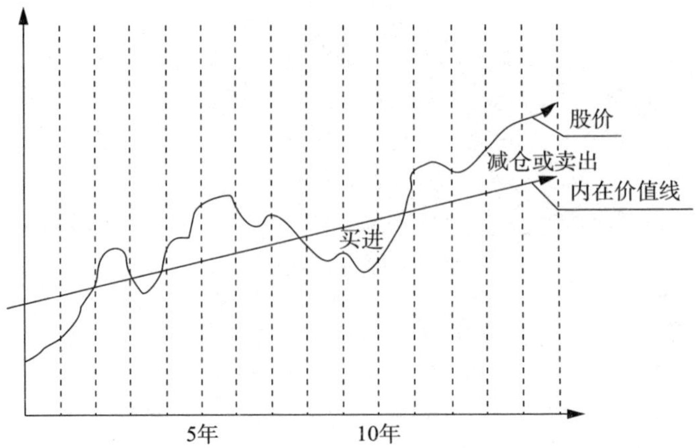

图 4-4　公司内在价值与股价关系

在我看来，业绩差的肯定不是好公司。对于市场中的短期投资者来说，公司业绩好坏都无所谓，他们仍然可以在业绩差的公司股票中获利。对于集中投资长期持有者来说，业绩差的公司就会被踢出选股的范围。正是公司经营的业绩增长，才可以推动股价的长期上涨，所以，业绩的增长才是股价上涨的引擎。

我选股的时候，会选择财务稳健、业绩一流，在长期的经营中不需要付出大的投入就可以轻松赚钱的好公司，因为稳定的业绩增长会带来丰厚的利润增长。

巴菲特强调："你应该投资一些傻瓜都能经营好的公司，因为早晚有一天，他们会落入傻瓜的手中。"在现实中，我们找到了连傻瓜都可以经营好的公司，就会感觉到，与优质公司共同成长的过程就好比弯腰捡钱，是如此的轻松。

我第二次建立的投资组合中，贵州茅台就是一个鲜明的例子。

自从我2010年买入后直到2023年2月底，近12年半的时间，成本已从当初的202.31元降到如今的6.13元。成本的下降主要是受到分红送股的影响。以现在的茅台股价1850.00元计算，12年半的增长率就是301.79倍。事实证明了巴菲特的睿智，也证明了我的做法正确。

我持有贵州茅台的过程中也经历了多次波折：限制三公消费的困扰、塑化剂的打击、白酒的消费在市场上呈下降趋势等负面消息。对此我一直持有不同的看法，我认为中国的白酒文化源远流长，无论是喜庆筵席、亲友往来，还是逢年过节、日常欢聚等，人们都要举杯畅饮，来增加一些欢乐的气氛。所以我坚信贵州茅台的业绩会持续增长。

投资市场就是人生修炼的场所，它会给你赚钱的机会，也会给你纠正错误的时间。投资是一种自由度很大的职业，没有任何人管理与干预你的操作计划。要想取得投资的成功，就必须不断地通过学习提升自己，你的投资体验实际上就是在投资自己。

真正想做长期投资，就不要因为别人的错误判断而迅速卖掉自己的持股，无论身处何时都不要忽视自己的思考能力，以及对投资公司的预判能力。

前面我讲过，投资公司业绩的增长情况，与其股价有着密切的关系。当我们了解了投资公司的业绩，在卖出所持有的股票时，就能做到心中有数了。应该说，投资成败很大一部分是取决于自己。在我投资的案例中，我是一直坚持选择持有业绩好的公司的股票的。

在我的投资“字典”中，随时都能查到每个阶段股票获利的情况。只有公司业绩增长，才能决定股价上涨。

2013 年 3 月 12 日，我以 15. 30 元和 15. 28 元陆续建仓众生药业，在我持有了 2 年零 1 个月的时间后，于 2015 年 4 月 16 日以 27. 15 元和 27. 1 元卖出，盈利 121650. 35 元。

2014 年 7 月 7 日，我以 16 元、36 元左右的价格陆续买进泸州老窖，在持有 3 年多后才卖出，卖出时的价格分别是 47 元、45 元，盈利将近 7 万元。

我在另一个华安账户里的泸州老窖，盈利是 69316. 64 元。两个账户合计盈利差不多 14 万元。

信立泰公司股票的建仓时间是在 2017 年 3 月 18 日，当时我是以每股 28 元和 48 元左右的价格陆续买进，在持有 1 年零 3 个月的时间后，于 2018 年 6 月 28 日以 36. 58 元的价格卖出，盈利 37643. 18 元。

众生药业最高盈利十几万元时没卖，当时不知道是最高点。卖在低点容易，卖在高点的机会少。因为你不知道什么时候是高点，只有等到最低点时才知道最高点，但这个时候已经晚了。要避免这种情况，就得在了解投资公司经营情况的基础上，在心理上为自己设置一个卖出的最高价位，不要太贪，一定要结合投资公司的业绩去预估。

从我上面的投资例子中可以看到，只有公司业绩增长，才能决定股价上涨。这个不只是简单的投资口号，而是我在投资市场中亲身实践的心得和收获。在持有众生药业、泸州老窖、信立泰股票前，我从这几家公司公开数据中进行过认真研究，对公司的财务状况、经营情况、管理情况，特别是业绩方面都了解得很清楚。买入后，我也会对每个公司进行跟踪了解。心理上还是对这几只股票有信心的。

在我持有这几只股票期间，虽然股价随着股市行情时常出现起伏不定的波动，有时波动还很大，但丝毫不影响我继续持有的决心。

股市是一个风险和机遇并存的金融舞台，也是一个充满变数、刺激和挑战的战场，在这里，"市场先生"对于人性影响实在是太大了，2016 年，我就受"市场先生"的影响遭受过损失。后来，我总结出了应对策略，就是在未进入市场之前的几天就将买卖计划列好，一旦进入市场后，任凭市场如何变化，我都不会任意改变我的买卖计划。

巴菲特指出："要实现一生的投资成功，你不需要具备极高的智商、深刻的商业洞察力，或者得到内幕消息。你真正需要的只是依据一个理性的知识框架来进行决策，并且具备防止自己的情绪侵蚀这个框架的能力。"在进入市场买卖股票的时候，如果不能坚定不移地按照在场外拟定好的投资计划无条件地执行的话，那么，你就会受到市场的严厉惩罚，造成严重的损失，导致投资失败。

6. 股东看重的指标，是公司的净利润

环球旅行投资家吉姆·罗杰斯说："我一向是不关心大盘涨跌的，我只关心市场中有没有符合我的投资标准的公司。"

我从 1996 年进入股市，到 2023 年，除了中间有两年短暂离开，都是通过读很多关于投资方面的书来总结经验、吸取教训，关注点也仍然是在股市上。

在这 27 年的投资历程中，经过研读全球著名的包括巴菲特在内的投资大师的作品，再加上我个人的一些成功经历，作为投资者，我的感触是，在购买一只股票前，一定要先通过财务报表来分析企业的净利润的，就是当期利润总额减去税务部门所得税的纯利润，也称为企业税后的利润。

净利润是直接反映一季度或者一年该企业经营的绩效，也是评估一家企业经营状况的重要指标之一。股东净利润只是衡量当年企业的财务状况，你要想对这家企业的内在价值进行评估，需要结合多年的营业收入、市场占有率、客户数量等进行分析。主要方法如图 4-5 所示：

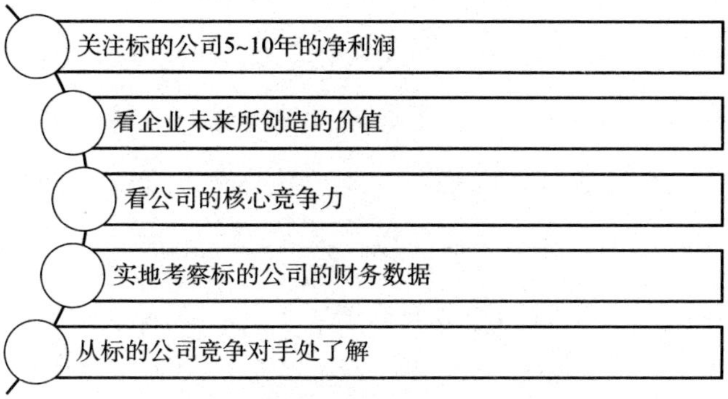

图 4-5　考察标的公司的五个方法

（1）关注标的公司 5~10 年的净利润

我在选择投资标的时，是极为重视净利润这个重要指标的，会将 5~10 年的净利润串在一起，这是对该企业进行内在价值评估的唯一手段。

在激烈的市场竞争中，假如你投资的企业没有垄断优势，从表面上看净利润增长很好，但内在价值却不高，只能用短期的大量投入来拉动一段时期的净利润的增长，那么，一旦库存增加出现价格战的时候，企业就会出现亏损，而之前投入的大量资产也会快速折旧贬值，这样的净利润就是不理想的，所以我们在分析净利润的时候要认真区分。

（2）看企业未来所创造的价值

在投资过程中我清醒地认识到，寻找一家标的公司进行投资，就是投资企业的未来。过去辉煌的业绩以及当前完美的经营，已经都反映在股票的价格上了，投资者要想获得收益，关键就要看企业未来所创造的价值。

在长期投资的摸索中，我认为赚钱的最佳途径，就是投资一家具有成长性的消费垄断型的小公司，这家公司在近 10 年来的增长速度在 20% 左右最佳，过去 10 年间的稳定增长就是将来这家公司增长的指示器。

（3）看公司的核心竞争力

公司要具有核心竞争力，必须要有卓越的研发和创新能力、先进的质量管理、智能的体系等，而这些工作都需要专业的人才来做，但更重要的是，如何管理好人才。“成长股投资大师”托马斯说过，管理人是投资成功的关键。所以，一个拥有稳定专业的管理团队的公司，需要优秀的管理人才。正如华为创始人任正非说：“人才不是华为的核心竞争力；对人才进行有效管理的能力，才是企业的核心竞争力。”

（4）实地考察标的公司的财务数据

在深入分析这家投资公司的各项财务数据后，为了证实财务数据的可靠与其他消息的真实性，在投资之前先去这家公司走一趟，实地考察一下这家公司的真实情况是最为妥善的方法。

在上门实地调研的时候，要与它的顾客沟通，找它的供应商聊，再去找员工以及它的竞争对手深入了解公司经营中的情况等。

（5）从标的公司竞争对手处了解

出乎意料的是，出自竞争对手的说法对于自己的投资计划用处更大。有位名人说：“一个好的竞争对手有助于定位市场和传播行业的正面信息。把你的竞争对手视为对手而非敌人，将会更有益。”投资一家公司，要学会从不同的角度交叉观察，看一个公司是否优秀，从其竞争对手的实力就能看出来。所以，从标的公司竞争对手那里得来的消息，更能真实地让我们掌握公司的情况，这也是对投资资金的负责。

只有深入分析和研究与这家公司有关方面的情况，把它当作自己在经营的一桩生意，才能使你在长期持有时赚取超额的收益。

7. 股价的波动，给投资者带来利益

1996年我刚进入投资市场尤其是买进股票后心浮气躁，不由自主地便成了股价走势的奴隶，从开盘就一直盯着股价显示器直到交易收盘为止。当时的自己很像是一个在市场上做着买进卖出的短期炒作的投机者，无法像巴菲特那样相信它的成长价值，更不懂给标的公司估算内在价值，对股价的上涨与下跌总是心有余悸，因而也无法像巴菲特那样对市场的价格走势毫不关心。在内心深处一直在担心自己的投资收益会昙花一现，所以一旦自己投资的股票价格下跌就会毫不犹豫地将持股脱手。"获利了结"与"落袋为安"，或者"盈利了就不会破产"是当初卖出股票的指导思想，也成为投资股票获取盈利的"保护伞"。

从2010年开始，我在第二次建立了投资组合后，把能找到的投资书籍都买了下来，仔细阅读后加以分析，被巴菲特的投资理念深深折服。在接下来的投资实践中，也一直严格执行集中投资长期持有的策略，养成了只有发布财报才看电脑的习惯。虽然制订了投资进场买卖股票的操作纪律，也深信买入后长期持有的长线投资理念，但并没有拘泥于将所有的股票都长期持有，对于那些基本面和投资逻辑发生变化的标的公司，还是要适当地减仓或者清仓。

在长期投资中，我是越来越喜欢股价的波动，而且是剧烈的波动，波

动的幅度越大，买卖股票获得的好处就越多。市场股价跌幅大才会有买到超值的便宜股票的机会，所以恐惧股价下跌的投资者应该振作起来。

在长期的投资磨炼中，我清醒地认识到股价的下跌就是价值投资者的机会来临，使我们有足够的勇气在暴跌后买入具有更大安全边际的好股票，也就是以4毛钱买到了价值1元钱的东西。在这一片乌云密布的时刻，具有超级感染力的情绪四处蔓延。没有巴菲特投资理念武装头脑的短线投资“专家”们，大多是在局外观望，有的等待股价站上60日均线或120日均线才敢于建仓投资。唯有具有战略思维、目光远大的投资者才敢做旁人不敢做的事情。

巴菲特说：“为了利用市场下跌的时机实现低位买入，在决策过程中需要具备战略眼光，绝不能感情用事，这种战略就是要迫使自己在仍然对市场前景感到恐惧时买入。即使在你被市场吓住的时候，你仍然会买入股票。”

在企业的经营中也会出现大幅的波动现象。当某个企业陷入困境的时候，由于热衷于短线炒作的投资者兴风作浪会造成股价的深度下跌，这时只有独具慧眼的投资者才会认识到这是投资获利的大好机会。

独具慧眼的投资者认为，某家具有持续竞争优势的公司陷入困境的时候将其买入，它的风险也是最低的。正是因为大多数的投资者不看好它，才会使股价在短期之内处于低位。事实上经营的困境只会是短时间的，不会对企业长期的竞争优势造成影响，所以在投资的业绩上要想高人一筹的话，在企业短期遭遇经营困境时买进，等待“手术治疗”后就会大赚一笔。

股价的波动给投资者带来的是信心，而不是有些人认为的灰心。对此，巴菲特认为：“我们无须像其他投资者那样对股价大跌诚惶诚恐，我们不应该有任何理由在股价下跌时，在股票市场仓皇逃走。事实上，当你此刻留意一下周围，你会发现别样的风景。股价下跌给聪明的投资者带来的是信心而不是灰心。低廉的价格会让我们在采取行动之后，露出会心的微笑。”

正是股价的大幅上涨给投资者提供了减持或卖出的机会，股价的大幅下跌给投资者提供了买入具有安全边际股票的机会，所以我们在投资市场上掘金，最希望见到的就是股价的波动，而且波动的幅度越大越好。因为股价波动的幅度越大，我们买入标的公司的股票价格越便宜，减仓或卖出的股票价格也就会越高。

第五章

养成良好的投资习惯，做成功的投资者

1. 投资理财，要认真做好功课

在投资市场中，总是流传着七亏二平一赚的说法，分析一下就能看出70%的人是见到学习就躲避的，所以他们在投资中是无法赚钱的；20%的人只愿意花一部分的时间用在学习和研究投资上。他们有的用在短线投机上，有的因价值投资选不好股票，有的没有持股耐心，还有的将价值投资转变为波段炒作。实践证明了他们是难以赚钱的，但也没有出现亏损的现象。

在投资市场里只有10%的人愿意把时间用在分析研究投资公司的经营销售上，他们把阅读上市公司的财务报表及经营的财务数据当作自己的头等大事来抓，把分析和研究企业的持续竞争优势及与同行业的财务数据比较当作自己必须要做好的功课来完成，所以他们在投资市场中取得了超出平均投资收益的回报率。在其他领域也是一样，只有勤奋努力敢于攀登高峰的人，才会取得常人难以取得的成功，因为天道酬勤。

投资是一门专业学科，它包括经济学、会计学、心理学、哲学以及人性的弱点等专业知识。除了要深入了解公司的经营及销售外，公司的持续竞争优势也在分析研究的范围中。掌握公司的内在价值的主要技巧就是熟知它的财务报表上的财务数据，只有真正掌握了公司的内在价值与股票之间的关系，才能找到股票的买点与卖点。

对于业绩预期的测算是提供估值的主要依据。我们不仅要根据公司目前的收益进行预期测算，还要对公司未来的收益进行预期测算，把这两者融合在一起，最终得出的估值结果才是比较合理的。

所以，在扑朔迷离的市场中要想活得更好，必须认清投资道路的崎岖不平。我的口头禅就是："价值投资就好比汽车拉力赛，只有能忍得住颠簸，才能到达胜利的终点。只有耐得住市场的暴涨暴跌的影响，才能长期持有一个投资组合，迎来复利增长的超额收益。"

巴菲特说过："尽可能地阅读，拿我来说，我在10岁的时候就把我在奥马哈公立图书馆里能找到的投资方面的书都读完了，很多书我读了两遍。你要把各种思想装进你的脑子里，随着时间的推移，分辨出哪些是合理的。一旦做到这样了，你就该下水（尝试了）……越早开始阅读越好。我在19岁的时候读了一本书，形成了我基本的投资方式。我现在76岁了，做的事情就是基于我19岁时从那本书得来的同样的思维方式。阅读，然后小规模地亲身实践。"

投资者必须勤奋学习，在动荡不安的投资市场里，每一次交易无论是成功还是失误，都是值得投资者用来分析和总结的第一手资料。寻找上涨的动力，查询下跌的原因。在我的投资史上，每一次买进或卖出都是有账可查的，为了避免在交易中犯同类型的错误，在每次的交易中除了记录买进、卖出的时间、价格，还记录着每次交易的心得。这一做法就是为了避免犯同样的错误，长时间地坚持下去就会使交易中出现的错误明显地减少，成功的交易概率自然而然地增加。

在我多年的投资岁月里，已经总结出不少珍贵的投资经验。例如，集中投资长期持有、评估企业内在价值、买入具有安全边际的股票和如何选择投资标的等。正是因为对于这些价值投资理念的精准把握，我在重仓贵州茅台的12年半的时间里创造了300倍的投资增长率，为追随我投资风格的粉丝们交出了一份满意的答卷。

在总结投资经验时我还发现投资者普遍缺乏的素质是：当利润突然来到自己的眼前，他们在惊喜之后又立刻忧虑起来，他们担心到手的利润可能在下一刻就会消失得无影无踪。他们便选择了“获利了结”“落袋为安”“盈利了就不会破产”，正是这样的做法才导致他们赚不到钱，更有一部分人长期处于亏损中。

哲学家伯兰特·罗素说：“许多人宁愿死，也不愿思考，事实上他们也确实至死都没有思考。”在投资这个领域，思考与学习同样重要。

在我们身边有不少看似勤奋学习并付诸思考的投资者，他们在市场中难以获利的原因就是他们属于没有学习力的“低效益者”。普通投资者与卓越的投资者之间的差别就在于学习力。虽然你积极思考了，但你的思考是无效的，最终的结果就是，你投资了也得不到应有的回报。在投资市场中，思考和投资的回报率是正比关系。

2. 频繁交易，是投资大忌

我们投资者本就是投资公司的股东之一，公司的资产是我们持有的一部分，要尽可能地把自己当成公司的所有者，才真正有利于自己对投资公司长期持有。只要自己有这样的认识，股价的上下波动带来的坐电梯的感觉就会自然减轻。反之，你还会利用这种上下波动来为自己增加财富！当股价暴跌时自己可以增持股份，当股价暴涨时自己也可以减持或卖出持股，股价的上下波动对聪明的投资者来说是一件非常有利的大好事。

我认为，集中投资长期持有标的公司的股票，绝不能像市场上流行的追涨杀跌的短期投机，他们是以抢短线来赚快钱，挖空心思在短期投机上赚点微薄的投资利润，根本无法赚取超额的投资回报。

巴菲特说：“巨额的交易成本会给股东带来巨额的损失。股票市场是一个矛盾体，这让所有投资者都感到不知所措。股票市场的繁荣来自每天所进行的大量的交易，交易活动越多证明股票市场越繁荣。必须承认的是，对于广大投资者来说频繁交易并不是一件有利可图的事。”

青睐短线的投资者在投资市场上是多数人，他们从事短期投资是为了赚取较快的投资收益，更是有一部分短线投资者认为短线投资的利润增长率要远高于长期投资者的利润增长率。正因如此，在 20 世纪 90 年代出现的网络科技股的热潮中，他们“一窝蜂”似的一哄而上，把网络科技股炒到了极点。当他们沉睡在梦幻的利益中不能自拔的时候，网络科技股的泡沫最终破灭了，瞬间席卷了 A 股的坏消息如同晴天霹雳，持续的大跌似乎没有停止，投资者已经成了这场浪潮的直接受害者。

在这场风暴中，只有极少数的投资者幸免于难，他们能够清醒地认识到盲目跟风遭受的惨重损失，是短期投资者的必然结果。我们应该如何寻找正确的投资方法呢？

巴菲特给出的指引是："作为一名投资者，你的目标很简单，就是以一个理性的价格买入一个容易搞明白的企业的一部分权益，而且你必须有把握，在未来 5 年、10 年、20 年间这家目标企业的盈利会有明显提升。一段时间的考察以后，你会发现只有少数公司符合这个标准。所以当你发现一家符合这个标准的公司时，你要买下它相当比例的股份。"

在长期的投资实战中，持有一只股票 10 年或 20 年不卖出似乎显得有些顽固保守。当你知道我第二次建立起来的投资组合 10 年增长了 10 倍多的时候，你也许会感到顽固保守在价值投资中起到了作用。

集中投资长期持有优秀公司的股票，就好像是在滚着自己的财富"雪球"，关键是要寻找到厚实的雪，厚实的雪就是企业经营的丰厚利润，长长的坡就是长期持有消费垄断企业的股票享受的复利增长。当投资者持有优秀公司的股票时，时间就是好朋友，5 年、10 年后你就会发现用复利这个工具的好处。

巴菲特说："如果你没有持有一种股票 10 年的准备，那么连 10 分钟都不要持有这种股票。"

很多投资事例证明，短期投资如同赌博，投资者在选股上大多数是没有认真分析研究的，对标的公司的经营及竞争状况也知之甚少。在风险随处可见的股票投资中，你如果选错了一只股票，随着时间的推移，很可能会给你带来巨大损失，甚至造成全军覆没。

集中投资长期持有是我多年来的投资决策。事实证明，在投资市场中，赚钱的最佳方式就是选择好的股票。彼得·林奇的选股方法相当科学，他是在逛街、逛超市时，观察数以百万的消费者经常光顾的品牌，从中选出大牛股，他选择的大多数股票上涨了几倍几十倍，有的还上涨了几百倍。

我选择持有的欧普康视公司是国内首家获得角膜塑形镜注册的企业，竞争优势显著，业绩高速增长。毛利率高达78%，净利率为46%。

欧普康视公司的核心产品是角膜塑形镜（俗称OK镜），在梦戴维稳定更新的同时，公司推出了DV系列高端镜片，覆盖了更广泛的客户群。目前欧普康视已成为国产OK镜龙头企业，产品市场占有率全国第一。在此基础上，公司快速扩充产品线，形成了核心产品、配套产品、视光其他产品三大类。

除此之外，公司还投资收购优质经销商与视光终端，把握时机构建“欧普联盟”。目前欧普康视已有115家子公司，新设6家医院，拥有视光终端160多家，产品已进入900多家视光服务终端。

欧普康视公司在所处细分行业竞争优势显著，在核心业务高增长的同时扩容视光全产业链。

2022年，公司按照董事会制定的长远发展计划和年度经营目标，立足主营业务，坚持技术创新。从研发创新、生产、销售到公司治理等方面提升自身竞争力，也提高销售和盈利能力，还要积极投资营销服务，有效保证公司经营业绩的持续高增长。欧普康视在推进产品和技术升级的同时，更进一步推广先进的DV系列镜片，并增加了散光设计，高端镜片占比稳步提升。

对于这样具有核心竞争力的公司股票，我们一定要长期持有，不能短期炒作。巴菲特说："如果说我们具备某些优势的话，那么优势应该在于我们能够认识到什么时候我们是在能力圈内如鱼得水，而什么时候我们已经接近能力圈的边际。在快速变化的产业中，预测一个企业的长期经济前景远远超出了我们的能力圈边际。如果其他人声称拥有高科技产业中的公司经济前景的预测技巧，我们既不会嫉妒也不会模仿他们，相反，我们只是固守于我们所能理解的行业。如果我们偏离这些行业，我们一定是不小心走了神，而绝不会因为我们急躁不安用幻想代替了理智。"

3. 投资收益和持有时间成正比

在我的投资组合中，有贵州茅台、片仔癀、爱尔眼科、恒瑞医药、迈瑞医疗以及欧普康视，我对它们的深入了解花费了足够多的时间，对它们长期的经营增长和稳定的竞争优势充满了信心和希望。

在这几只股票中，我持有贵州茅台、恒瑞医药、爱尔眼科的时间长达十几年，从未对它们进行减仓操作，从而得以分享复利增长带来的神奇效果。在长期持有集中投资的组合时，我总是认为：价值投资就好比汽车拉力赛，只有能忍得住颠簸，才能最后到达胜利的终点。

在我的投资实践中，长期持有占着很大的比例，只有大约30%的资金是用来在恰当的时机进行短期套利的，这里说的短期也是建立在长期投资的框架之内的。少则3~5年，多则10年左右。

只要投资者选择的是具有长期垄断地位的好公司股票，你长期持有的信心和决心就会随之增强。坚定的长期持有者明白：投资收益和持有时间成正比。所以我才坚定地选择长期持有，我自己的短期套利的时间也是一变再变，由原来的见好就收、获利了结，转变为持股时间一再增加，由1年、2年、3年增加到5年以上。

除了永久持有贵州茅台、片仔癀、迈瑞医疗这3只股票之外，恒瑞医药、爱尔眼科、欧普康视这 3 只股票是我用来短期套利的，即使是短期持有也要坚守在 3~5 年这个长期的框架之内。

既然手中持有优质企业的股票集中投资，又不是分散投资几十种或上百种的股票，为什么不能坚定地持有 5~10 年甚至 20 年呢？

投资大师巴菲特说：“如果你不能清晰地了解产业经济，你应该就能找出五到十家股价合理，且具有长期竞争优势的企业。那个时候，投资中的一般性分散风险的理论，对投资者来说就没有任何意义了。如果那样做反而会损害到你的投资利益，且增加你的投资风险，那么我真的想不通那些投资人为什么要把钱放在排名在第 20 位的股票上，而不是把资金集中放在排在最前面、最熟悉、风险最小、获利可能性最大的投资之上呢？”

投资者要想选出一只超级明星公司的股票，只要多花些时间和精力认真分析世界 500 强公司，就可以轻而易举地发现这些“皇冠上的珍珠”。优质公司似乎在创新能力、技术改革、经营模式、品牌形象、客户服务等诸多方面都具有核心竞争力。

一家公司的核心竞争优势来自产品或服务的垄断性，公司通过创造与市场需求相符的产品，就能比同行的竞争对手为顾客提供更多的信任度。

在价值投资的践行路上，长期持有优质公司的股票，就是与公司共同成长，分享公司发展壮大带来的红利，实现投资与公司发展双赢的目标。

我总是花大量的时间与足够的精力，去寻找我心目中的优质股，如果发现一家具有吸引力的投资目标时，我就会手持资金耐心地等待安全边际的到来。

我 2010 年建立第二次投资组合，到 2023 年已经 13 年了，在这段时间里追求的投资成功率已达到了 100%，没有一次买过的投资标的是亏钱的。因为不参与博弈，没有了止损止赢的概念，我的投资活动，就是在享受与优秀企业共同成长的过程。

花大量的时间寻找优质公司的股票，这是我多年来形成的习惯，每天都需要花上好几个小时来寻找优质公司，一旦买入后，就关上电脑，不再关注这只股票的行情，这样的投资方式，我已经坚持了20多年。

格拉德威尔在《异类》一书中提出了“1万小时定律”，他写道：“人们眼中的天才之所以卓越非凡，并非天资超人一等，而是付出了持续不断的努力。1万小时的锤炼是任何人从平凡变成世界级大师的必要条件。”

4. 买入价格有吸引力的股票

商场如战场，股市也是如此，所以我们要以全局的观念来审时度势，因地制宜地制订好每一步的投资决策与行动计划，最成功的做法就是把自己当作企业的经营者。关于这点，查理·芒格认为："巴菲特经营产业的方式不需要花费多少时间，我敢打赌我们一半的生意巴菲特都不曾涉足，但这种轻松的管理方式带来的绩效却有目共睹。巴菲特是一个从不介入微观管理的优秀经营者。"

巴菲特说："不管是买袜子还是买股票，我都喜欢在打折的时候把高档商品拿到手。"在投资的市场中，"坏消息"才是投资者的好朋友！市场上短期的利空消息会引起市场恐慌，使股价下跌，但这对于理性投资者来说却是一个极佳的买入机会。

在20多年的投资实践中，我总结出了买入股票的必备条件就在于，股票的买入价格必须低于标的公司本身的内在价值。在投资市场的巨大影响下进行理性的决策是一件很困难的事情，我的应对方法是：在市场外提前做好买入的计划，拟出买入价格高与低的限制范围，股票价格没进入我的限制范围时我就等待，直到进入我限定的价格才买入。

投资市场中有一部分投资者并不理解"安全边际"的意义，这也导致了他们经常买入价格过高的股票，使得自己时常被套牢。买入有安全边际的股票就像在购物市场购买那些特价打折的质优价廉的商品，以低价买进好货的道理无人不懂，也就是以 4 毛钱买进了价值 1 元钱的东西。在股票价值被严重低估的时候，市场上被恐怖消息打压的人不再对股票感兴趣，只有那些少数先知先觉的投资人，才大胆地买入价格具有吸引力的股票。

1982 年巴菲特在给股东的信里写道："我们在投资股票时的做法是，只有在能够用合理的价格买到足够吸引人的企业股票时才是可行的方式，与此同时也需要温和的股票市场加以配合。对于投资者而言，如果买入的价格过高的话，势必会抵消掉这家企业哪怕是绩优企业未来 10 年的发展所带来的正面效应。"

经验告诉我们，每等到一个低迷的市场周期，具有安全边际的股票就会出现。

我还记得，2005 年的 A 股市场中"打折"的股票比比皆是。在安全边际的保护下，集中投资长期持有的价值投资者是通过公司内在价值的估算，寻找出价格与价值之间的差价，当两者之间的差价达到了较大安全边际的时候，我们就应该毫不犹豫地买入标的公司的股票。

我的经验是，投资者在买入股票之前需要对标的公司进行深入细致的分析研究，把预买股票的数量、时间、价格，以及分几次买入等纳入一个具体的买入计划。这个计划应在买入前几天制订好，一旦进入市场后，就要把它当作投资纪律严格执行，不能因为市场的突然变化而随之变化，任意修改。其原因就是"市场先生"对投资者心理的影响实在是太大了，只要我们提前在市场外做好了买入股票的计划，任凭"市场先生"掀起怎样的"狂风巨浪"都不会对我们的行为产生任何影响。

在买入价格具有吸引力的股票时，一定要选择在市场"坏消息"蔓延的时候，这时没有人对股票感兴趣，自己身处其中也会觉得孤独无助。为了缓解自己“恐惧”的心理，减轻孤独的压力感，你可以自言自语地喊着：“别人恐惧，正是我贪婪的时候。”“长期以来，投资回报率最高的就是股票。”用这种方式可以驱赶自己内心的孤独与不安。

长期的投资经验证实，巴菲特的投资思想就是我投资的指导思想。他说：“对我来说，‘玩’股票是一件很有趣的事，如果能够找到一家经营得当，业绩蒸蒸日上，并且价值被市场低估的公司，就有很好的机会挥出大满贯的全垒打。很不幸的是，目前我们根本找不到类似这样的标的，事实上我们从来就不知道股市接下来到底要涨还是要跌。不过，我们可以肯定的是，贪婪和恐惧这两种传染病，在股市投资这个世界里会不断地发生和传播，只是发生的时间和地点很难让人准确地预测到罢了。”

我认为，别人在投资中犯的错误，就应该认真总结成为自己的经验教训，因为它可以为自己积累财富。墨子说：“君子不镜于水，而镜于人。镜于水，见面之容；镜于人，则知吉与凶。”在投资市场中追求财富，我们不只是要认真地总结出自己的投资教训，更重要的是吃别人的堑长自己的智。要把别人犯的错误也认真地总结出来，直接地转变成为自己的“财富”。

投资的经验告诉我们：同样的错误只犯一次，你的投资成绩肯定很优秀；同样的错误犯了两次，就会使你变得平庸。所以，聪明的投资者都会以别人所犯的错误来教育自己，警告自己不要犯同类型的错误，使自己获取超越平均水平的投资回报。

5. 股价大跌后，正是买入的时机

在投资市场中能够长期盈利的人，大多是逆向投资者。每次投资市场中出现利空的坏消息时，恐慌蔓延使绝大多数投资者对持有的股票不再看好，逆向投资者却迎难而上，在别人恐慌的时候保持兴奋。一个以公司内在价值为导向的投资者，在股价下跌的时候应该高兴而不是悲观，因为它能够使我们以较低的成本买进心仪的股票。

彼得·林奇说："说起来很简单，下次股市下跌的时候，我一定毫不理会那些悲观消息，我要趁机逢低买入一些超跌的股票。但做起来并不简单。"令人不解的是，在对食品价格的反应中，他们不会表现出这样的混乱：他们知道自己是食品的买家，并且欢迎不断下跌的价格，谴责价格上涨……

长期投资让我的投资组合就好像是在滚"雪球"似的，逐年壮大。因为只买不卖，每年一次的分红与送股，分红的资金就必然也用来买进持股，我当然是在盼望着股价下跌了。股价下跌，也是长远的投资策略，股价的下跌会使我受益，反之，上涨的股价让我遭受损失。造成股价下跌的主要原因就是悲观主义，整个市场阴云密布，到处都充满了恐慌的情绪，我们盼望下跌并不是因为我们喜欢恐慌的情绪，而是因为我们喜欢它制造出的低价格。

一个成功的投资者，在长期持有优秀公司的股票与公司共同成长的同时，必须忽视市场的股价波动。公司的股价总是围绕公司的内在价值上下波动着，低于内在价值的时候给投资者提供了买入的机会，高于内在价值的时候给投资者提供的是减仓或卖出的机会。所以说股价的上下波动并不是真正的投资风险。在股价上涨的时候，对于长期持有者来说只不过是减持而已，绝不会去卖掉它；而在股价下跌的时候，可以用每年分红的资金来增加自己的持股，这样就能无限接近零成本。

你选择的优质公司的股票，也会遇上公司陷入困境、股价大跌的情况。这时在大多数投资者看来，该公司已经失去了竞争优势，事实是暂时的困难不会改变公司的长期的经营能力，只会使该公司的内在价值被严重低估。这时对于独具慧眼的投资者来说，正是买入或加仓的大好机会。

1999—2014 年，恒瑞医药 15 年营业收入复合增长 21.25%，净利润复合增长 25.32%，仅在 2021 年利润出现下降趋势，随之股价一泻千里，在连续下跌 16 个月后的 2022 年 5 月，我以 30.60 元的价格大举补仓，半年后的股价是 40.80 元，验证了巴菲特的一句名言："当一家有实力的大公司遇到一次巨大但可以化解的危机时，一个绝好的投资机会就会悄然来临。"

我在重仓恒瑞医药公司的股票遭遇招标降价压力的打击后不但不减持，反而又大幅加仓，这可不是在冒天下之大不韪，相反的是抓住了难得的加仓机会。正因为我对恒瑞医药公司的前景看好，对它遭遇短期困境不当一回事，这样强大的龙头药企是能够承受得了这种突如其来的打击的。优秀的公司需要"手术"治疗的时候，就是我们买入的好机会，因为这时的股价被严重地低估了。

"投机奇才"安德烈·科斯托兰尼说："股票永远不会太高，高到让你不能开始买进，也永远不会太低，低到不能开始卖出。”在股票市场上，不只是买入需要时机，卖出同样需要时机。

早在2013年5月10日，我以24.37元左右的价格买入了同仁堂公司的股票13000多股。在持有近2年后的2015年4月10日，我以30.40元左右的价格分几次卖出了，合计盈利为82821.57元。

虽然我这个价位不是最高卖点，并且我也认可同仁堂公司的优秀，因为同仁堂集团作为首批中华老字号企业，是不需要投入高额的高科技研发费用的。而且从公司公开发布的经营情况可以看到，同仁堂公司产出大，市场需求量也在不断扩大，业绩更是呈现出逐年稳定增长之势，这样的公司在市场上是非常少见的。但我为什么要选择在30.40元左右的价格卖出呢？

原因就是这个价格符合我等待的价位范围，一旦达到，就要出手。多年的价值投资实践告诉我，价值投资中所讲的“价值”，就要体现在盈利方面。

托依·科布说：“威廉姆斯等球的时间比别人都多，因为他要等待一个完美的击球机会。这个近乎苛刻的原则可以解释，为什么威廉姆斯取得了过去70年里无人能及的佳绩。”

在长期投资的实践中，我也深深地悟到：要买入具有安全边际的股票，就要有足够的耐心等待，这样才能在安全边际到来时勇敢出击“挥棒击球”。大多数投资者的成绩不好，就是因为他们忍不住“胡乱挥棒”。所以，我们在投资时要想取得较好的成绩，就一定要有耐心。

6. 要做到在恰当的时机退出

当我们走进股票市场，扑面而来的各种消息，各式各样的嘈杂声音顷刻间就会把我们“淹没”了，跳动的股价走势使投资者像乘坐“电梯”似的，失去了应有的平静和纯粹。此时的我们俨然一个“囚徒”，忽上忽下的价格走势就好像魔咒一般深深地抑住了人们的思想。所以，我们买入和卖出股票要制定详细的操作计划，这个操作计划尽可能地要在市场外提前规划好，在买卖操作的过程中，不要因为股价的一时变化而改变。

投资的经验告诉我，如果你没有这样一套完整的进场买卖股票的行动计划，还期望自己能够找准退出的正确时机，不成了痴人说梦了吗？股票市场对投资者的影响力实在是太大了，心理学告诉我们：人类只有在对金钱以外的少数事物方面，才能不受心理因素影响，而在金钱方面，人们往往特别容易做出非情绪化、不符合逻辑思维方式的决定来。所以，假如意识不到情绪化会影响自己的操作计划，你在投资上很难取得成功。

我们要认识到，投资市场对投资者的影响力是非常大的，哪个投资者在短期之内试图从中获利，他很可能就成为一个短期投机的牺牲品。很多投资大师在市场股价波动的影响下都会出错，何况我们呢？股价的上下波动会使投资者神魂颠倒，低买高卖变成了高买低卖。追根溯源，就是人性的弱点抵御不了“市场先生”的恐吓。如果你提前做好了进入市场买卖股票的操作计划，就不必再看“市场先生”的脸色行事了，出错的行为就会大大减少了。

在投资的实践中，正确地选好进场的时机只是投资成功了一半而已，只有在恰当的时机退出，才有可能成为最后的大赢家。正因为我们是理性的投资者，所以坚决不能做出非理性、无计划无步骤的蠢事来。在我20多年的投资经历中，深受“市场先生”影响的惨痛教训真可谓数不胜数，所以有了这样的心得体会。

做投资必须全身心地投入，即使你是一个业余投资者，也应该下大力气做好分析研究工作。在激烈的市场竞争中，优胜劣汰是必然，我们的投资组合中也难免会有不尽如人意的现象出现。

如果你投资的公司不再符合标准，就应当选择在恰当的时机及时退出，犹豫不决是不可取的。在投资的实战中，对股票投资研究生疏的投资者，利用技术指标来指导退出的方法，也是一种不错的选择。在恰当的时机退出，就是给自己的投资买了一份保险。

在伯克希尔的股东大会上，一名股东问巴菲特为什么要卖迪斯尼的股票。对此巴菲特解释说：“我们对这家公司的竞争力特征有一种看法，现在这种看法改变了。”

原来，早在2000年，伯克希尔公司与证券交易委员会的往来文件揭示出他已经将持有的迪斯尼股份卖掉了一大半。巴菲特改变看法的原因是，迪斯尼公司已经不再是以前那个制作像《白雪公主和七个小矮人》这样永恒经典的迪斯尼了，它已经迷失了方向。它的首席执行官迈克尔·艾斯纳的爱好让巴菲特感到不安，所以他做出了卖出股票的决定。

股市中的谚语是：会买的是徒弟，会卖的才是师父。在我的投资实践中，抛出股票的卖点是要比买进股票的买点难把握一些。“坏消息”才是价值投资者的好朋友，我在“坏消息”打压股价后找到的买入股票的机会非常准，十几年来从来就没有失灵过一次，每次都买在了黄金坑里。但是在卖出股票寻找高点的时候，总是不卖不涨，越卖越涨。我在第二次建仓后的十几年间，卖在最高价位上的股票简直寥寥无几。

在投资的实战中，理性的投资者认为长期空仓是对资金的浪费。投资者手中应该永远保持一定的资金数量，这样才能确保精准地抓住出现在眼前的最好机会。

聪明的投资者都有一个共识，懂得什么时候将手里的股票脱手。我在成功投资的计划中都会有一个明确的抛出时机：在把卖出股票的时间定为3年、5年，或者10年之后，才有可能确保投资者不会把股票全都卖在了低位区。

7. 远离投资市场，才能避开喧嚣

我和很多投资者不同之处就是很少使用电脑，在我 2010 年第二次建立自己的投资组合后，就已经给自己的投资策略立下了严格的规矩：一年只开四次电脑，目的就是避开投资市场的喧嚣，不受其影响。

我在每个季度末的时候开一次机，主要做以下三项工作。如图 5-1 所示：

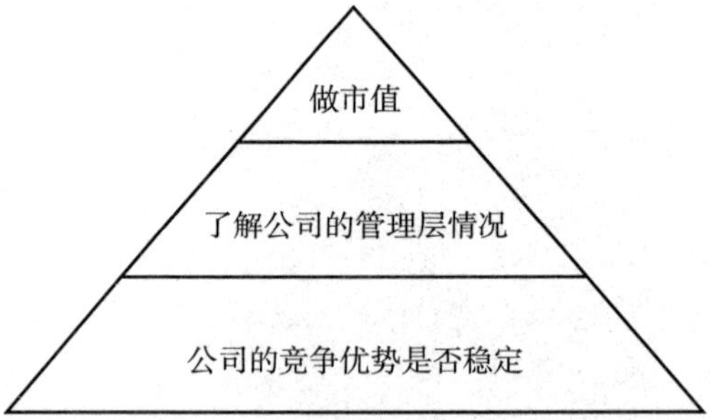

图 5-1 每个季度的投资工作

（1）做市值

我做市值很简单，就是看看投资公司财务报表中，那些有关投资的各种财务数据，以及它的增长情况。

（2）了解公司的管理层情况

看投资公司的经营情况与未来的发展规划，看上市公司的管理层是否有所变动等。

（3）公司的竞争优势是否稳定

投资公司的竞争优势是否持续稳定，是我更为看重的。我一直认为，投资取胜的关键就是能够确定投资公司的竞争优势，长期被“宽阔的护城河”所保护的产品与服务才能够为我们带来超出平均水平的高回报率。

作为一名理性的投资者，就应该做到不为市场的大涨而欣喜若狂，更不应该因为市场的大跌而愁眉苦脸。在长期的持有过程中，如果我们持有的股票内在价值是增长的，你还去关注每天的股价上涨与下跌，在很大的程度上就是给自己寻找烦恼，是不符合投资逻辑的。当然，若是一直不管不问，也是不正确的。最好的方法就是与市场保持一定距离。

这个最理想的距离就是一年进入市场四次，每次的进入时间保持在10天左右比较合适。对集中投资者来说，分析研究工作更为重要，要认真研读财务报表，分析报表中的各项相关财务数据，跟踪记录有用的、同比和环比增长的重要财务数据，还要关注报表附注中的企业重要消息与竞争优劣势的变化等信息。只有保持与市场适度的距离，才会使自己在投资的道路上取得超出平均水平的投资回报。

我的投资理念是：股票市场只是为投资者提供一种买进或卖出股票的平台而已。你只需要通过二级市场将你事先分析研究好的投资标的买入，就已经完成了你投资计划的一半；另一半就是在持有的时间逢高减持、逢低加仓，或者利用这个市场的高位区将其卖出。

在我的投资纪律中，所有的时间和精力都要用在对标的公司的深入了解与分析研究上，根本就对市场的股价涨跌不感兴趣。因为投资就像是打棒球一样，你若想不断地得分，你就应该把目光盯在“比赛的球场”上，而不是紧盯在记分板上。投资的标的公司就是我们应该关注的“比赛球场”，股价的变化才是记分板。在投资的过程中，时间对于投资者来说是极其宝贵的。假如你整天泡在市场里，不知什么时候出现一条不利于长期持有的消息，你就会将手中的持股换来换去，获取超额收益就成了幻想。

投资是一个过程，它让我们能耐得住寂寞。投资是一门艺术，它让我们要有一双发现宝石的慧眼。

2010 年我建立投资组合后，就深感自己从“黑暗的地狱”走进了人间的天堂。酷爱学习的我在一本投资书中看到了这样的一个故事：一位投资大师没有拜过师更没有访过友，就凭在书店里买了 200 多本投资书籍，认真学习价值投资，边学边悟边实践，现在也做得很好。

我至今还记得，当我得到这个信息后的好长一段时间里，脸上时常笑开了花。从那天起，我就从当地的新华书店买有关价值投资的书，开始认真研读。为了增强学习的效果，我还把书中的重点都用红笔给标注下来，待到此书阅读完毕之后，再用笔记本将标注下来的投资要点、投资的名言，以及在投资市场上如何掌控自己的投资情绪等指导思维模式统统记录下来。如今我已经积累了近百本的投资记录。在投资的过程中，我一直遵循学、用相结合的方法。

巴菲特说：“在我看来，晦涩难懂的公式、计算机程序或显示股票和市场价格变化的闪光信号不会带来投资的成功。”

所以，投资者一旦建立了自己的投资组合之后，一定要远离市场，不看不动长期持有。

8. 套利，要建立在长期投资框架内

在投资生涯中，我们要与优质企业共同成长，坚守自己的初期选择就是最好的选择，即使自己的“忠诚伙伴”长年绩效欠佳，也不会轻易地将它卖掉。

巴菲特说：“拥有一只股票并期望它在第二天早上就能上涨，这是非常愚蠢的。”我非常认可巴菲特的投资理念，在我的投资理念中，长期投资永久性持有是基本原则，即使发现可以更替的标的公司，我也不会立即将原有的欠佳的股票卖掉，至少也要坚守3~5年的时间，因为优秀公司的内在价值不会在短时间内体现出来。所以我认为，即使短期套利也要建立在长期投资的框架之内。

2010年我建立投资组合的时候，虽然是奔着长期持有的投资目标，但是我在选择股票时，发现真正算得上可以长期持有的股票只有3只，就是贵州茅台、片仔癀和迈瑞医疗。同时，我对鱼跃医疗、万科A、海康威视、同仁堂的股票前景也很看好，适合短期套利，就入手买了这几股。

买入鱼跃医疗、万科A、海康威视、同仁堂这4只股票后，在一段时间内，股票持续上涨，但我不为所动，因为我知道，在价值投资中，能短期套利的股票的价值，也需要时间来等待。时间越长，复利的威力会越大，短期套利亦是如此。

在我持有了这4只股票2~3年的时间里，股价一直在涨和跌中循环，涨多了就会跌，反之亦然。因为我已经习惯了股票市场的规律，所以，我一般不会为之所动。我在等待一个套现的时机。

直到我又发现了招商银行、宁沪高速、泸州老窖、上海家化的股票，我在对这4家公司进行各方面的考察后，心里暂时确定了这4只股票也值得短期套利。

但为了有十足的把握确定这4只股票，我又花费时间持续研究分析。这样又等了4~5年，我才信心十足地用这4家公司的股票，替换了前4家公司的股票，进行了短期的套利。

众所周知，股票市场上波动不断，有涨有跌是很正常的。我把股市比喻成人的一生，就是一条不断波动起伏的曲线。既要享受风和日丽时的岁月静好，也要有抵抗暴风骤雨的毅力；既有高光时刻的风光，也有低谷期的自我救赎。

巴顿将军说："衡量一个人成功的标志，不是看他登到顶峰的高度，而是看他跌到低谷的反弹力。"这句话同样适用于股市，只要我们选择了价值股，给它足够的时间养精蓄锐，它就会有爆发反弹的那一天。

虽然股票价格波动的原因众多，但我们所投资公司业绩、市场行情，以及投资者的情绪等，都是非常重要的因素，这些因素影响着我们的投资是否成功。我在总结后发现，当我们长期持有的资金占比达到了70%左右，其余30%的资金是用在短期的套利上时，就会有足够的耐心等待股票涨到我们心理预期的价位。

菲利普·费雪说过："长期投资一家低成本而业绩高成长（皇冠上的珍珠）公司，不要因为外部因素而卖出，应以业绩预期为卖出依据，因为外部因素对公司的影响很难精确分析和预测。同时这些因素对股价的影响也不及业绩变动对股价的影响大。"

9. 投资源于生活，又融入生活

一个成功的投资者就是一个爱国者，投资就是投国运！在投资市场里波动的股价有时惊心动魄，漫天飞舞的消息会使人不知何去何从。在投资市场上掘金的人们唯有对中国未来的前景充满信心，才能坚持长期投资。早期进入股市的人们早已赚得盆满钵溢，他们分享了蓬勃发展的中国经济带来的红利，像林园、张垒、但斌、段永平、沈南鹏、李大霄等早已成为投资界著名的大师。

约翰·坎贝尔说："投资不仅仅是一种行为，更是一种带有哲学意味的东西。"哲学来源于生活，会让我们越来越清醒，看透事物的本质，从而更热爱生活。

我在长期投资实践中，除了用一部分时间来跟踪公司的经营及竞争动态外，还有大量的时间用在我们的日常生活中，所以，投资已经成为我生活的一部分，我们要把投资融入到生活中去，从而使生活更加幸福美好。

我每个季度虽然只开一次电脑了解投资公司的情况，每次大约需要15天，一年下来，我真正用来投资的时间也只不过两三个月。但在三个多月的时间里，我精力充沛、专注认真，工作效率非常高。这样的工作状态简直就是一种乐趣。

在其他时间，我都是远离市场的，目的就是避开市场的喧嚣，不被其影响。投资者在单调的生活节奏中，适当的放松是十分必要的。

由于各人的业余爱好有所不同，娱乐方式也是千差万别。如果你是浪漫型的，不妨每天听听自己喜爱的音乐，或者到小河边去走一走；如果你是探险型的，可以去登山或滑雪，寻求大自然带来的刺激；如果你是旅游爱好者，可以自己组建一个自驾游的团队，游览祖国的大好河山以及世界的名胜古迹；如果你是书画爱好者，可以练字作画，临摹自己喜爱的山水花鸟或动物鱼虫；等等。

我从多年的投资经验中得出：在投资领域要劳逸结合，适当的休息娱乐是为了更好地投资。能在百忙中抽出时间，做一些愉悦身心的活动，留下美好回忆，将使我们的人生更加圆满。在时间准许的条件下，每个投资者都应该尽情地享受游玩娱乐带来的正能量效应。

在投资这个领域，人的精力消耗是比较大的，有的时候甚至超出普通人的承受范围。在这样强大的精神压力下，我们每天要抽出一段时间来放松一下：写写诗歌、绘绘图画、听听音乐，或者让思想彻底放空。这样从表面上看是在放松，实际上是给我们一个酝酿思考的时间。在此期间你自然就会捋清楚真正的问题，这有助于我们停顿下来，再重新开始，我称之为内省。你可以在闲散放松一段时间后轻松地解决疑难问题。

后　记

价值投资者最重要的事情就是学习，要如饥似渴地阅读有关投资的资料。我的家教很严，从小就养成了爱读书的习惯，一直延续至今。在纷繁复杂的投资市场中，处处充满着机遇与陷阱，更能体现出学习对投资的重要性。

也许有人认为，我在价值投资上取得的成绩一定是掌握了一套非常人能掌握的高深理论，但事实并非如此。古人云：大道至简。真正的投资之道只需要很少的几个投资原则就可以，非常简单，却非常有效。不需要高智商，不需要会高等数学，更不需要高学历，任何一个小学毕业的普通人都能做好，都可以应用。

价值投资在中国资本市场同样适用，资本市场培养了一批运用价值投资的机构投资者，也有越来越多的短期投资者明白或正在实践这一理念。成功投资的方法不同但结果都一样，关键是找到适合自己的方法，否则在错误的道路上奔跑也没有用。

“工欲善其事，必先利其器。”从哪里去寻找价值投资的正确观念和有效方法呢？这正是本书要阐述的。除了参考世界投资舞台上那些著名的投资大师的投资理念外，本人也总结出了一些自己的投资经验，为投资者提供参照与智慧的源泉。要从实战的角度帮助投资者提高投资能力，并且介绍投资大师的方法，解析他们投资背后的逻辑。正所谓投资是一生的修行，它需要耐心与自律，更需要独立思考。因为你学到的这些经验与故事都已经成为过去。未来的你将要获得的投资收益仍然在复杂多变的投资市场中，从这一方面就看出了学习与独立思考的重要性。

作为一名价值投资者要看重的是中国美好的前景，只有把眼光放远才能在长期投资的道路上走得更远，才能与优质企业共同成长，抱牢它们的股票而忽略市场的价格波动。其实，真正值得长期持有的投资企业并不多，在我们的一生中只要找到两三家好企业的股票并长期持有，你的财富状况就会得到很大的改善。在成千上万家上市公司里，我们要关注其中具有最好的商业模式的公司，“弱水三千，只取一瓢”。这里“最好的公司”当然是指具有垄断地位的商业“霸主”，这些超级明星企业具有宽阔的“护城河”，抵御风险的能力很强。投资者只要长期持有这些好企业的股票，想不赚钱都是一件难事。

本人就是以价值投资理念武装头脑，从盲目投资走向盈利赚钱的正确大道的，所以对价值投资理念颇有心得，用了一些时间写出了这本《价值投资的精髓》奉献给大家。我在写作的过程中得到了国元证券罗治友先生的大力支持，他提出很多宝贵建议并参与了文字校正，使本书以通俗易懂的语言条理清晰地总结了价值投资的精髓方法和理论，希望能给投资者带来帮助。